C.H.BECK ◪ WISSEN

in der Beck'schen Reihe

Die politischen Systeme der Welt lassen sich im wesentlichen drei größeren Gruppen zuordnen: der Gruppe der westlichen Demokratien, der Gruppe der postkommunistischen Systeme und der Gruppe der Entwicklungsgesellschaften. Dieses Buch zeigt in Überblickskapiteln Gemeinsamkeiten und Unterschiede der jeweiligen Systeme und erläutert Verfassungsentwicklung und Verfassungsprinzipien, die Machtpositionen von Regierung und Parlament sowie Wahl- und Rechtssysteme der einzelnen Länder.

Wilfried Röhrich ist Professor für Politikwissenschaft und Direktor des Instituts für Politische Wissenschaft der Universität Kiel. 1991 erschien von ihm in der Beck'schen Reihe: „Eliten und das Ethos der Demokratie".

Wilfried Röhrich

DIE POLITISCHEN SYSTEME DER WELT

Verlag C. H. Beck

Die Deutsche Bibliothek – CIP-Einheitsaufnahme

Röhrich, Wilfried:
Die politischen Systeme der Welt / Wilfried Röhrich. –
Orig.-Ausg. – München : Beck, 1999
   (C. H. Beck Wissen in der Beck'schen Reihe ; 2128)
   ISBN 3 406 44728 7

Originalausgabe
ISBN 3 406 44728 7

Umschlagentwurf von Uwe Göbel, München
© C. H. Beck'sche Verlagsbuchhandlung (Oscar Beck), München 1999
Gesamtherstellung: C. H. Beck'sche Buchdruckerei, Nördlingen
Gedruckt auf säurefreiem, alterungsbeständigem Papier
(hergestellt aus chlorfrei gebleichtem Zellstoff)
Printed in Germany

Inhalt

I. Einleitung 7

II. Gruppen von politischen Systemen. 8

III. Die westlichen Industriegesellschaften 11

Die politischen Systeme in Westeuropa 11
Das Vereinigte Königreich Großbritannien und
Nordirland 14
Exkurs: Die Commonwealth-Staaten Kanada,
Australien und Neuseeland 18
Die Bundesrepublik Deutschland 19
Die Französische Republik 24
Die Vereinigten Staaten von Amerika 27
Exkurs: Japan 32

IV. Die postkommunistischen Gesellschaften 37

Die politischen Systeme in Ostmittel- und
Osteuropa 37
Die Republiken Ungarn und Polen, die
Tschechische und die Slowakische Republik 39
Rumänien und die Republik Bulgarien 46
Die Russische Föderation 50
Die GUS-Republiken Georgien und Kasachstan . . 54
Exkurs: Die Volksrepublik China 57

V. Die postautoritären Entwicklungsgesellschaften . . 61

Die politischen Systeme in Südamerika 61
Die Anden-Republiken Chile, Bolivien und Peru . . 62
Die Argentinische Republik und die Föderative
Republik Brasilien 70
Die politischen Systeme in Ost- und Südostasien . . 76
Die Republik Korea, das Königreich Thailand und
die Republik der Philippinen 78
Exkurs: Die südasiatische Republik Indien 86

VI. Die Entwicklungsgesellschaften Nordafrikas und des Nahen Ostens 90

Die Islamische Republik Iran, das Königreich
Saudi-Arabien und die Türkische Republik...... 90
Die Maghreb-Staaten: das Königreich Marokko
und die Tunesische Republik 101
Exkurs: Israel......................... 106

VII. Die Entwicklungsgesellschaften Schwarzafrikas .. 111

Die politischen Systeme der Länder südlich
der Sahara 111
Die ostafrikanischen Republiken Kenia
und Tansania 112
Die südafrikanischen Republiken Namibia
und Südafrika 116

VIII. Schlußwort 125

Anmerkungen 127

Literaturverzeichnis 130

Personen- und Sachregister 132

I. Einleitung

Dieses Buch beabsichtigt nicht, Wege der Forschung einzuschlagen; es will vielmehr wissenschaftlich bereits gesicherte Erkenntnisse über die Kernbereiche der politischen Systeme einem breiten Leserkreis vermitteln. Denn es fehlt bisher eine handliche Übersicht über *möglichst viele* politische Systeme der Gegenwart.

Bereits der Titel des Buches läßt vermuten, daß ein komplexer Gegenstandsbereich vorgestellt wird. Ob es sich um die Grundsätze der Gewaltenhemmung und -kontrolle in den westlichen Demokratien handelt, um die Herausbildung demokratischer Rechtsstaaten in Osteuropa oder um die Chancen der Demokratisierung in den Entwicklungsgesellschaften: Überall bestehen komplexe Zusammenhänge, die schwierig zu durchschauen sind. Hier ist so etwas wie ein Wegweiser geboten, leben wir doch in einer internationalen Gesellschaft mit weitreichender Vernetzung: Kommunikationssatelliten kennen keine nationalen Grenzen, die Massenmedien dringen in die entlegensten Regionen ein; und das über räumliche und zeitliche Schranken wachsende Weltbewußtsein stellt die begrenzten Ordnungen der Geschichte in Frage.

Bei dem Bestreben, die komplexe Wirklichkeit dem an politischen Ereignissen interessierten Leser durchsichtig zu machen, kommt ein Umstand zu Hilfe: Das politische System jedes Landes ist immer ein *wissenschaftliches Konstrukt*. Als ein solches Konstrukt vermittelt es nur einen ausgewählten Ausschnitt aus der Realität, der auf inhaltlichen und methodischen Überlegungen beruht, aber auch Bewertungen des Autors erkennen läßt. Durch wissenschaftliche Konstrukte wird Wirklichkeit *gedanklich faßbar*: indem sie um zahlreiche Einzelheiten reduziert wird[1]. Kurz, es handelt sich bei der Darstellung der politischen Systeme der Welt jeweils nur um einen ausgewählten Teil der Realität. Unter diesem Gesichtspunkt läßt es sich dann auch rechtfertigen, deren komplexe Strukturen und Prozesse in knappen Kapiteln darzustellen.

II. Gruppen von politischen Systemen

Die politischen Systeme der Welt lassen sich in einer Grobgliederung *drei größeren Gruppen* zuordnen:

– Die erste Gruppe stellen die *westlichen Demokratien* und die von ihnen geprägten politischen Systeme weiterer Industriegesellschaften dar. Dies sind die politischen Systeme in Westeuropa, in den USA und in jenen Ländern, die wie Kanada, Australien und Neuseeland mit Großbritannien und seiner politischen Tradition verbunden sind. Einbezogen wird zudem das politische System des ostasiatischen Industriestaates Japan, dessen Verfassung nach westlichen Rechtsnormen gestaltet wurde (und dessen Verfassungswirklichkeit japanischen Wertvorstellungen folgt). Diese politischen Systeme lassen sich zumeist den parlamentarischen Systemen (wie in Großbritannien), aber auch den präsidentiellen und parlamentarisch-präsidentiellen Systemen (wie in den USA und in Frankreich) zuordnen.

– Die zweite Gruppe von politischen Systemen bilden die *postkommunistischen Systeme* Ost- und Ostmitteleuropas (wie in Polen, Ungarn, Rumänien und Bulgarien) sowie der Nachfolgestaaten der vormaligen Sowjetunion. Hier haben sich zum Teil noch ungefestigte Demokratien herausgebildet, die vor autoritären Rückschlägen nicht sicher sind. Einbezogen wird auch das politische System der VR China. Dies deshalb, weil sich bei den bemerkenswerten ökonomischen Erfolgen der Modernisierungspolitik des Landes die Frage stellt, inwieweit der dortige evolutionäre Systemwandel allmählich zu einer Liberalisierung (und Demokratisierung) des politischen Sektors führen kann.

– Die dritte Gruppe von politischen Systemen stellen die *Entwicklungsgesellschaften* dar. Hier lassen sich zunächst zwei Untergruppen benennen: die weit entwickelten *Schwellenländer* (*Newly Industrializing Countries/NICs*) wie Brasilien, Argentinien, Indien, Südkorea, Thailand und die Philippinen sowie die weniger entwickelte *Dritte* und die am wenigsten entwickelte *Vierte Welt* (*Less Developed Countries/LDCs* und *Least Developed Countries/LLDCs*) wie zahlreiche Länder Schwarzafrikas, aber auch u. a. Bangladesch, Myanmar und Laos. Bei dieser gesamten dritten Gruppe von politischen Systemen erweist sich mithin eine Unterteilung als notwendig:

Die erste Untergruppe bilden jene Schwellenländer, die wie die ehemaligen Militärregime Lateinamerikas und die einstigen ostasiatischen Autokratien einen Systemwechsel zu Demokratien vollzogen haben. Mehrere von ihnen weisen (noch) unzureichend konsolidierte bzw. strukturschwache Demokratien auf, bei denen (mit Ausnahmen) die Frage gestellt werden muß, inwieweit das Militär noch in den politischen Entscheidungsprozeß unmittelbar oder mittelbar einbezogen ist.

Während die Darstellung der politischen Systeme der postautoritären (Schwellen-)Länder in Lateinamerika und Ostasien unter der o. a. Themenstellung des Systemwechsels überregional erfolgt, werden die politischen Systeme der weniger entwickelten Länder (LDCs) sowie das politische System des Schwellenlandes Südafrika nach geographischen Regionen behandelt. Die Darstellung läßt sich hier von der Erkenntnis leiten, daß sich diese Untergruppe politischer Systeme vorrangig von den Entwicklungsproblemen her verstehen und bewerten läßt.

Die nachfolgende Darstellung zeigt in den Überblickskapiteln Gemeinsamkeiten und Unterschiede der betreffenden Systeme vergleichend auf und behandelt in den einzelnen Länderbeiträgen u. a. Fragen zur Verfassungsentwicklung und zu den Verfassungsprinzipien, zu den Machtpositionen von Regierung und Parlament im jeweiligen Institutionengefüge sowie (bei entsprechender Bedeutung) Fragen zum Wahl- und zum Rechtssystem. In den Kapiteln über die postkommunistischen und die postautoritären Systeme wird der jeweilige demokratische Systemwechsel in die Liberalisierungs-, die Demokratisierungs- und die Konsolidierungsphase unterteilt. Die Kapitel über die Entwicklungsgesellschaften Nordafrikas und des Nahen Ostens sowie Schwarzafrikas schließlich zeigen besonders deutlich ein allgemeines Phänomen: den durch die eigene politisch-kulturelle Tradition mitbestimmten Entwicklungs- bzw. Transformationsprozeß.

III. Die westlichen Industriegesellschaften

Die politischen Systeme in Westeuropa

Im Vergleich zu den politischen Systemen anderer Weltregionen bilden die westeuropäischen Staaten eine politisch homogene Ländergruppe; sie sind alle *rechtsstaatlich-pluralistische Demokratien*. Die große Mehrheit der Staaten läßt sich den *parlamentarischen Systemen* zuordnen, in denen zwischen Parlament und Regierung keine Gewaltenteilung, sondern lediglich eine Arbeitsteilung besteht und in denen die Regierung – im Unterschied zu den *präsidentiellen Systemen* (in denen Legislative und Exekutive über eine eigenständige und gleichrangige Legitimation verfügen) – aus dem Parlament hervorgeht und von dessen Vertrauen abhängig ist. Nachdem die Machtbefugnisse des portugiesischen und des griechischen Staatspräsidenten stark begrenzt wurden, weist nur noch Finnland präsidentielle Bestandteile auf. Frankreich kann als ein *parlamentarisch-präsidentielles System* mit einer doppelköpfigen Exekutive bezeichnet werden, in welchem dem direkt vom Volk gewählten Staatspräsidenten die dominierende Machtstellung zukommt – außer in Zeiten der *Cohabitation* (in denen sich der Präsident in der Nationalversammlung auf keine ihm nahestehende Mehrheit stützen kann und der Staatschef und der Premierminister verschiedenen Parteien angehören). Einmalig ist die Demokratie der Schweiz mit ihrer durch das Parlament gewählten, jedoch unabsetzbaren Kollegialregierung.

Die Wahl der westeuropäischen Parlamente[2] erfolgt nach dem *Verhältniswahlsystem* (verschiedener Ausprägung) – mit Ausnahme dreier Länder, in denen das relative bzw. absolute *Mehrheitswahlsystem* besteht. Neben Großbritannien mit seinem traditionellen relativen Mehrheitswahlsystem wählt Italien drei Viertel der Mandate der Abgeordnetenkammer und des Senats nach dem *relativen Mehrheitswahlsystem* (nach dem der Kandidat in einem Wahlkreis mehr Stimmen als jeder andere Bewerber benötigt, um ein Mandat zu erhalten). Hinzu

11

kommt das absolute (konkret: das romanische) Mehrheitswahlsystem Frankreichs, nach dem – wenn im ersten Wahlgang
kein Kandidat die erforderliche *absolute Mehrheit* der Stimmen (mindestens 50 Prozent plus eine Stimme) erreicht – ein
zweiter Wahlgang stattfindet, in dem die einfache (relative)
Mehrheit genügt. Im Unterschied zum Mehrheitswahlsystem,
das zugunsten einer Konzentrationswirkung im Parteiensystem
eine Disproportion von Wählerstimmen und Mandaten in
Kauf nimmt, zielt das Verhältniswahlsystem auf eine parlamentarische Vertretung der Parteien entsprechend ihrem Anteil
an den Wählerstimmen. Was die von den jeweiligen gesellschaftlichen und politischen Verhältnissen (und erst unter deren Berücksichtigung auch von den Wahlsystemen) abhängigen
Parteiensysteme anbelangt, so bestehen in den skandinavischen
Staaten, in Belgien und den Niederlanden Vielparteiensysteme.
Als Zweiparteiensysteme lassen sich die Systeme Maltas und
(eingeschränkt) Großbritanniens bezeichnen. Neben diesen
beiden Demokratien stellen Griechenland, Irland, Österreich,
Portugal, Spanien und (mit Einschränkung) Deutschland Systeme mit zwei vorherrschenden Großparteien dar, die sich
(zum Teil mit Koalitionspartnern) in der Regierung abwech-
seln.

Interessante Unterscheidungskriterien der politischen Systeme Westeuropas zeigen sich in den Regeln der Regierungsbildung und des Regierungsrücktritts. Bei der *Regierungsbildung*
bestehen die stärksten Unterschiede zwischen Irland, das für
die Ernennung des Regierungschefs die relative Mehrheit vor-
sieht, sowie Spanien einerseits, dessen Verfassung die absolute
Mehrheit nur für einen ersten Wahlgang fordert, und Deutschland andererseits, dessen Grundgesetz die absolute Mehrheit
auch bei einem notwendigen zweiten Wahlgang verlangt. Einen
gewissen Mittelweg beschreiten die Demokratien Belgiens,
Griechenlands und Italiens, in denen der neuen Regierung *nach
ihrer Regierungserklärung* mit einfacher Mehrheit das Vertrauen ausgesprochen werden muß. In Frankreich (außer in
Zeiten der *Cohabitation*), aber auch in Finnland und Portugal
kommt dem Präsidenten in mehr oder weniger starkem Maße

Einfluß auf die Nominierung des Premierministers zu. Was den *Regierungsrücktritt* anbelangt, so genügt in den meisten westeuropäischen Systemen ein Parlamentsbeschluß mit einfacher Mehrheit, um die Regierung zum Rücktritt zu zwingen, während in Frankreich, Griechenland, Portugal und Schweden im Bestreben, die Regierungsstabilität zu erhöhen, ein Mißtrauensvotum von einer absoluten Mehrheit der Parlamentarier ausgehen muß. Darüber hinaus kennen Deutschland, Belgien und Spanien ein *konstruktives* Mißtrauensvotum, wonach das Parlament dem Regierungschef das Mißtrauen nur dadurch aussprechen kann, daß es mit der Mehrheit seiner Mitglieder einen Nachfolger wählt.

Mit Ausnahme der Schweiz steht in allen politischen Systemen Westeuropas an der Spitze der Regierung ein *Ministerpräsident* bzw. *Premierminister* oder *Kanzler*, dessen konkrete Machtposition sich in seiner Stellung im Kabinett und im Parlament sowie in seiner Kompetenz zeigt, die Richtlinien der Politik zu bestimmen. Eine relativ starke Stellung haben die Regierungschefs Großbritanniens, Griechenlands, Irlands, Maltas sowie der deutsche Bundeskanzler und der spanische Regierungschef, der zudem das Recht besitzt, jederzeit das Parlament aufzulösen und Neuwahlen auszuschreiben. Mit der Machtposition des Regierungschefs verbindet sich, wie angedeutet, die tatsächliche Bedeutung des Kabinetts im Entscheidungsprozeß der Regierung. Während in den skandinavischen Ländern sowie in Belgien, Irland und den Niederlanden dem Kabinett eine relativ bedeutende Rolle zukommt, hat sich dieses in zahlreichen westeuropäischen Systemen wie in Finnland, Italien, Luxemburg, Österreich und weitgehend auch in Deutschland zu einem Beschlußorgan gewandelt, dessen Entscheidungen von informellen Gremien im einzelnen vorbereitet werden.

In den meisten westeuropäischen Systemen kommt dem *Parlament* insbesondere die Kompetenz der Letztentscheidung bei der *Gesetzgebung* zu. Stark eingeschränkt ist diese Befugnis in Frankreich, wo alle der Nationalversammlung nicht vorbehaltenen Bereiche durch die Exekutive auf dem Verordnungsweg regelbar sind. Aber auch Regierungen in anderen politischen Systemen Westeuropas können per Ermächtigung des parlamentarischen Gesetzgebers durch umfangreiche Verordnungen rechtsetzend wirken. Dieses Verfassungsrecht verbindet sich mit der Verfassungspraxis: Die zahlreichen Gesetzgebungsaufgaben des demokratischen Rechts- und Interventionsstaates haben dazu geführt, daß in allen westeuropäischen Systemen die *Gesetzesinitiative* weitgehend von der *Regierung* ausgeht, die über eine umfangreiche und sachverständige Ministerialbürokratie verfügt (auf die auch die Interessenverbände einwirken). Bei den Parlamenten hat sich in den meisten westeuropäischen Systemen die Arbeit auf parlamentarische *Ausschüsse* verlagert. Und bei den Fraktionen zeigt sich (am Beispiel des Deutschen Bundestages), daß eine wirksame parlamentarische Regierungsweise nicht zuletzt der Funktionsgliederung der (beiden großen) Fraktionen verpflichtet ist, die eine differenzierte Organisation aufweisen. So hat sich das Fraktionsplenum zu einem Beschlußorgan gewandelt, in dem zwar mannigfache Gegensätze ausgetragen, dessen Entscheidungen jedoch von anderen Gremien, vor allem von den Arbeitskreisen und dem Fraktionsvorstand, im Detail vorbereitet werden. Man würde den einzelnen Parlamentarier überfordern, wollte man von ihm verlangen, alle zur Debatte stehenden Anträge und Vorlagen selbständig zu beurteilen oder bei zweitrangigen Entscheidungen die Materie eigens zu ergründen. Er wird sich vielmehr weitgehend dem sach- und aktenkundigen Wissen der jeweiligen Experten seiner Fraktion anschließen und deren Vorschläge unter allgemeinem politischen Aspekt überprüfen.

Das Vereinigte Königreich Großbritannien und Nordirland

Betrachtungen zum britischen Parlament – einem Zweikammerparlament, das aus dem direkt gewählten Unterhaus (*House of Commons*) und dem Oberhaus (*House of Lords*) mit erblicher Mitgliedschaft und ernannten Mitgliedern (namentlich den *Law Lords*) besteht – stellen zumeist die lange Tradition des Parlamentarismus heraus. In den Blickpunkt rückt dabei die historische Entwicklung der Parlamentssouveränität und der Parlamentsherrschaft, die sich heute zur Dominanz des Premierministersystems (*Prime-Ministerial Government*) verschoben hat. Ein stichwortartiger Rückblick auf die Entfaltung des britischen Parlamentarismus kann deshalb genügen.

Mit der „Glorreichen Revolution" von 1688 begann ein Prozeß, in dessen Verlauf sich die Souveränität von der Krone auf das Parlament verlagerte. Die *Bill of Rights* von 1689 und der *Act of Settlement* von 1701 stellten das Gesetz über den Willen des Königs. Die Krone wurde zu einem Staatsorgan; und durch das parlamentarische Steuerbewilligungsrecht war eine Regierung ohne oder gegen das Parlament handlungsunfähig. Die Vorrechte der Monarchie, die königlichen Prärogativen, entwickelten sich zu einem Bereich des *Common Law* (eines Systems unkodifizierter, aus den gerichtlichen Entscheidungen zu konkreten Fällen entstandener Gesetzesregeln), dessen Bewahrung dem Parlament und den Gerichtshöfen oblag. Die Zeit zwischen 1832 und 1867, d.h. zwischen der ersten und der zweiten Wahlrechtsreform, gilt als die Blütezeit des britischen Parlamentarismus und seiner Parlamentsoligarchie. Nach dieser Zwischenepoche, in der die Abgeordneten nicht mehr der Macht der Patrone und noch nicht den Parteimaschinen unterstanden, kam es 1884 zur dritten Wahlrechtsreform und zur Herausbildung von zentral gelenkten Parteiorganisationen.

Mit der weiteren Ausdehnung des Wahlrechts (1918) und schließlich mit der Einführung des allgemeinen Wahlrechts (1928) wurde die soziale Homogenität des Unterhauses aufgehoben. Es kam zu einer Veränderung der Rolle der ursprünglich ungebundenen Abgeordneten (*Members of Parliament*) und zur Machtballung bei den Parteifraktionen im House of Commons, das ein Forum für Parlamentsdebatten und damit ein *Redeparlament* darstellt. In ihm sitzen in traditioneller Raumordnung der Premierminister, sein Kabinett und zahlreiche andere Mitglieder der Regierung dem Vorsitzenden der größten Oppositionspartei (die über einen besonderen Status verfügt und sich als Regierung auf Abruf versteht) und seinem Schattenkabinett gegenüber. Das Unterhaus ist keiner Kontrolle durch ein anderes Verfassungsorgan unterstellt und kaum durch Verfassungskonventionen eingeschränkt. Das House of Lords nimmt nicht gleichberechtigt mit dem House of Commons am legislativen Prozeß teil; es verfügt bei der Gesetzgebung nur über ein suspensives Veto. Im Bereich der Rechtsprechung allerdings bilden die ihm angehörenden *Law Lords* (Hohe Richter) als *Judicial House of Lords* die letzte Berufungsinstanz für prinzipielle Entscheidungen von öffentlicher Bedeutung.

Im Laufe der institutionellen Entwicklung Großbritanniens (Nordirland mit seinem Sonderstatus bleibt hier ausgegrenzt) hat sich – ähnlich wie in den anderen westeuropäischen Demokratien – die Funktion des parlamentarischen Systems, insbesondere die *Gesetzgebungs-* und die *Kontrollfunktion* des Unterhauses, stark verändert. Heute formen drei Faktoren die Bedingungen, unter denen das *House of Commons* existieren muß. Der erste besteht in einer außerordentlichen Machterweiterung der Exekutive durch die angewachsene gesetzgeberische Tätigkeit. Die englische Regierung wurde durch ihre Ministerialbürokratie, den *Civil Service*, mit den jeweiligen Experten (für die Gesetzesvorlagen) zum wichtigsten Gesetzesinitiator. Als zweiter Faktor kann der mangelnde Zugang der Parlamentarier zu Informationen genannt werden, für den die vom *Civil Service* geübte Geheimhaltung des Regierungsgeschehens gegenüber dem Parlament verantwortlich ist. Und der dritte Faktor betrifft die Bedeutung der Interessenverbände; auf einer Verständigung mit ihnen beruht weitgehend die Regierungsarbeit. An der damit verbundenen schwachen Stellung des Unterhauses, vornehmlich an seinen nur gering ausgebildeten Kontrollinstrumenten, hat auch die Einrichtung von *Select Committees*, von Ausschüssen, die als Kontrollorgane von Regierungsentscheidungen gedacht waren, nichts geändert, weil ihre Kontrolle durch die Geheimhaltungsmöglichkeiten der Regierungsstellen bei Informationswünschen behindert wird.

Mit Blick auf die Macht der britischen Exekutive müssen drei Prinzipien erwähnt werden[3], die die Arbeit der *Regierung* bestimmen. Das erste Prinzip umfaßt die *Ministerverantwortlichkeit*, wonach jeder Minister für die Tätigkeit seines Ministeriums verantwortlich ist. Das zweite Prinzip: das der *kollektiven Verantwortung des Kabinetts* für alle Regierungsbeschlüsse, zielt auf die Kabinettsdisziplin, die strikt einzuhalten ist. Und das dritte Prinzip umfaßt die weitreichenden Machtbefugnisse des *Premierministers*, die die des deutschen Bundeskanzlers übertreffen. Darüber hinaus spielt die *Patronagepraxis* (eine Art Günstlingswirtschaft) eine bedeutende Rolle, da der Premierminister in hohem Maße ihm genehme Parteimitglieder in Regierungsämter berufen kann. Jedenfalls ist er mit seinen verfassungsrechtlichen Kompetenzen und seinen faktischen Möglichkeiten längst nicht mehr nur *Primus inter pares* in „seinem" Kabinett – einem vom *Prime Minister* nach seinem Belieben ausgewählten Kreis der wichtigsten Minister, zu dem zahlreiche Minister ohne Kabinettsrang kommen. Der Premierminister bestimmt nicht nur die Richtlinien der Politik, sondern die Politik schlechthin. Seine Person steht – wie die des Regierungschefs in den meisten westeuropäischen Systemen – im Mittelpunkt der zu Plebisziten (Volksabstimmungen) gewordenen Parlamentswahlen.

Eine prägende Kraft hinter den Kulissen der britischen Politik stellt der bereits angesprochene *Civil Service* dar: die Ministerialbürokratie und vor allem deren Spitzen. Wenngleich Margaret Thatcher durch zwei Verwaltungsreformen einen Tätigkeitswandel von der traditionellen, verantwortlichen Politikberatung des *Civil Service* zur reinen Kosten-Nutzen-Erwägung politischer Ziele herbeiführte und insofern eine Art Privatisierung in die Wege leitete, als Funktionsbereiche von Ministerien teilautonomen Einheiten übertragen wurden, blieb (trotz abnehmender Attraktivität) der Kerngehalt der britischen Ministerialbürokratie weitgehend erhalten. Kennzeichnend ist neben den erwähnten Geheimhaltungsregeln die soziale Homogenität des *Civil Service*. Absolventen der Universitäten Oxford und Cambridge stellen noch immer einen Großteil des

Nachwuchses der Spitzenbeamten. Auch hier zeigt sich das englische *Establishment* – ein soziales und politisches System, dessen Verhaltenskodex allgemein verbindlich ist. Von seinen Mitgliedern sagt man, daß für sie das *Fair play*, aber auch der Grundsatz gelte, bei Verfehlungen nicht so genau nachzuforschen.

Exkurs: Die Commonwealth-Staaten Kanada, Australien und Neuseeland

Die Commonwealth-Staaten boten die besten Voraussetzungen für eine weitreichende Übertragung der politischen Institutionen Großbritanniens. Die hier ausgewählten Länder waren britische Kolonien, die zu verschiedenen Zeiten den Status von selbständigen Staaten erlangten. So geht das politische System *Neuseelands* auf den *Constitution Act* von 1852 zurück, der nach der Unabhängigkeit (1907) mehrmals modifiziert wurde; das *Dominion of Canada* entstand 1867 nach der Ratifizierung des *British North America Act*, der ebenfalls verschiedene Änderungen erfuhr. Und das *Commonwealth of Australia* besteht seit 1901, als die mit verschiedenen Änderungen noch heute gültige *Verfassung* in Kraft trat. Alle drei Staaten sind parlamentarische Monarchien, deren Staatsoberhaupt die britische Königin ist – vertreten durch einen Generalgouverneur, dem weitgehend nur zeremonielle Aufgaben zustehen und der in Kanada auf Vorschlag des Premierministers, in Australien auf Vorschlag des Parlaments und in Neuseeland auf Vorschlag des Kabinetts jeweils von der britischen Königin ernannt wird. Die enge Beziehung zum ehemaligen „Mutterland" zeigt sich im System parlamentarisch verantwortlicher Kabinettsregierungen britischer Prägung auf Bundes- sowie (in Kanada und Australien) auf Provinz- bzw. Länderebene. So besteht die kanadische Legislative formal aus dem britischen Monarchen – vertreten durch den Generalgouverneur – und einem Zweikammerparlament, dem in direkter Volkswahl bestellten *House of Commons* und dem formal vom Generalgouverneur, de facto vom Premierminister ernannten Senat (aus hochgestellten Persönlichkeiten des öffentlichen Lebens); und so umfaßt die australische Legislative ebenfalls das britische Staatsoberhaupt und das direkt gewählte Repräsentantenhaus sowie den Senat, der nach dem Vorbild des US-amerikanischen Senats ein föderalistisches Organ darstellt. Besondere Bedeutung kommt in Kanada und Australien dem Repräsentanten- bzw. Unterhaus zu, aber auch der starken Stellung des Premierministers, der in Kanada über das Vorrecht der Parlamentsauflösung verfügt.

Über diese politischen Einrichtungen hinaus, bei denen sich davon ausgehen läßt, daß sie einen ähnlichen Strukturwandel erfahren haben wie die betreffenden in Großbritannien, bestehen Abweichungen entsprechend den konkreten Gegebenheiten des jeweiligen Landes. Im Unterschied zur angedeuteten bundesstaatlichen Struktur in Kanada und Australien ist das politische System Neuseelands zentralistisch geprägt. Nachdem das Oberhaus 1950 abgeschafft wurde, besteht das neuseeländische Parlament nur aus einer Kammer, dem Abgeordnetenhaus, von dessen 120 Sitzen vier für die Vertreter der Maoris reserviert sind. Abweichungen zeigen sich auch bei der Legislaturperiode des australischen *House of Representatives* und des neuseeländischen Abgeordnetenhauses, die beide nur auf drei Jahre gewählt werden. Partizipationsmöglichkeiten eröffnen die *Volksabstimmung*, die in Australien bei Verfassungsänderungen (neben der absoluten Mehrheit im Parlament) der Wählermehrheit in der Mehrheit der Staaten und der Mehrheit der Gesamtzahl der Stimmen bedarf, sowie die *Volksabstimmungen* bei bedeutsamen Streitfragen in Neuseeland. Dort kann sich darüber hinaus jeder Bürger bei Beschwerden gegenüber der Verwaltung an eine Gruppe von *Ombudspersonen* wenden, die unmittelbar dem Parlament verantwortlich sind.

Die Bundesrepublik Deutschland

Nicht nur im Unterschied zu Großbritannien, sondern auch zu den anderen westlichen Industriegesellschaften verfügt das politische System der Bundesrepublik neben Bundestag und Bundesregierung über ein Verfassungsorgan eigener Art in der föderativen Staatsstruktur: den *Bundesrat*, der sich aus weisungsgebundenen Mitgliedern der Landesregierungen zusammensetzt. Durch ihn wirken die Länder bei der Verwaltung und der Gesetzgebung des Bundes mit – vor allem bei jenen Gesetzen, die der Zustimmung des Bundesrates bedürfen. Diese Zustimmungsbedürftigkeit (bei inzwischen mehr als 60 Prozent aller Gesetze) ergibt sich in den meisten Fällen dann, wenn die Länder Bundesgesetze als eigene Angelegenheiten ausführen und insoweit die Einrichtung der Behörden und das Verwaltungsverfahren regeln. Zwei kaum vergleichbare Partner sind somit an der Bundesgesetzgebung beteiligt: der Bundestag und die mit seiner Mehrheit verbundene Bundesregierung (s. unten) sowie ein einflußreicher Bundesrat, der weniger als zweite Kammer, eher als *zweite Regierung* fungiert und in dem Landesminister eine beträchtliche politische Macht ausüben, ohne sich parlamentarisch verantworten zu müssen. Die Machtkonzentration auf der Bundesebene zusammen mit dem wachsenden Gewicht des Bundesrates, das von diesem zielstrebig erstritten wurde, hat im Zusammenhang mit dem noch zu erwähnenden Parteienstaat dazu geführt, daß in den Parteien die Bundesorientierung dominiert und bei den Landtagswahlen bundespolitische Themen eine zentrale Rolle spielen. Auch gab es immer wieder Versuche, die Argumente der im Bundestag unterlegenen Opposition im Bundesrat erneut vorzutragen und dieses Gremium zum Gegenparlament zu instrumentalisieren.

Der im Unterschied zum Bundesrat unmittelbar vom Volk gewählte *Bundestag* stellt entgegen dem britischen Unterhaus, nicht jedoch entgegen anderen Parlamenten (wie dem US-amerikanischen Repräsentantenhaus) ein *Arbeitsparlament* dar. Er weist wie seine Fraktionen eine arbeitsteilige Gliederung auf, um die umfangreiche und komplexe Gesetzgebung in teils spannungsreicher Kooperation mit dem Bundesrat (in vertikaler Gewaltenteilung) zu bewältigen. Zu diesem Zweck bestehen Fachausschüsse, die die parlamentarische Detailarbeit leisten und in denen vor allem Sachverstand gefragt ist. Ihren Beschlußempfehlungen an das Parlamentsplenum kommt vielfach Entscheidungscharakter zu (so daß der Bundestag dann eher notarielle Funktionen wahrnimmt). Über ähnliche arbeitsteilige Strukturen wie der Bundestag verfügen die Fraktionen; hier bestehen neben verschiedenen Gruppierungen offizieller und informeller Natur Arbeitsgruppen bzw. -kreise, die die jeweiligen Mitglieder der entsprechenden Parlamentsausschüsse umfassen und die Entscheidungen der Fraktionen bis ins einzelne vorbereiten. Die Kompetenzverteilung dieser Fraktionsarbeitskreise wie die der Parlamentsausschüsse stimmt weitgehend mit der Ressortgliederung der Bundesregierung überein. Bedingt durch diesen Funktionsmodus sowie durch das faktische Vorrecht der Partei- und Fraktionsspitzen bei der Auswahl der Abgeordneten (die einer Zuwahl nahekommt), bestimmen die Parlamentsparteien, konkret: die Mandatsträger, die Parlamentsarbeit.

In diesem Zusammenhang hat sich der Begriff der *Parteien-* bzw. der *parteienstaatlichen Demokratie* im Sprachgebrauch herausgebildet. Die Parteien, die nach dem Grundgesetz bei der politischen Willensbildung des Volkes *mitwirken*, haben sich de facto zu den *Trägern* der politischen Willensbildung entwickkelt. Nach dem Bundesverfassungsgericht bilden die in den Rang verfassungsrechtlicher Institutionen erhobenen Parteien integrierende Bestandteile des Verfassungsaufbaus und des verfassungsrechtlich geordneten politischen Lebens. Die so charakterisierte parteienstaatliche Demokratie bestimmt die erwähnte Entscheidungsstruktur des Parlaments. Dieses ist nach der klassischen Parteienstaatsinterpretation von Gerhard Leibholz[4] (einem langjährigen Richter des mit umfangreichen Kompetenzen ausgestatteten Bundesverfassungsgerichts) zu einer Stätte geworden, an der sich gebundene Parteibeauftragte zusammenfinden, um anderweitig bereits getroffene Entscheidungen registrieren zu lassen. Bezieht man die reale Entscheidungsmacht der Fraktionen bzw. deren Dominanz stärker in die Interpretation ein, so läßt sich von einem Parteienstaat sprechen, in dem – wie in den meisten anderen parlamentarischen Systemen Westeuropas – die Parteien und Fraktionen in politisch wichtigen Fragen von den Abgeordneten erwarten, daß sie sich geschlossen hinter die Fraktion stellen. Die oft getroffene Unterscheidung zwischen *Fraktionsdisziplin* und *Fraktionszwang*, der nicht notwendigerweise *massiv* angewandt werden muß, sondern in den verschiedensten Nuancierungen gehandhabt werden kann, wird zu einer formalistischen. Als beträchtlich erweist sich das Gewicht des mit der Parteispitze weitgehend in Personalunion verbundenen Fraktionsvorstandes, dem von Mehrheitsbeschlüssen abweichende Auffassungen zur Kenntnis zu bringen sind.

Die parteienstaatliche Demokratie der Bundesrepublik Deutschland zeigt sich auch in der *Bundesregierung*[5], die aus dem Bundeskanzler und den Bundesministern sowie faktisch auch aus den Parlamentarischen Staatssekretären besteht. Die Wahl des Bundeskanzlers, die nach dem Grundgesetz durch den Bundestag mit absoluter Mehrheit (auch bei einem notwendigen zweiten Wahlgang) erfolgen muß, wird – wie die Wahl des Premierministers in Großbritannien – durch den weithin plebiszitären Charakter der Parlamentswahlen vorentschieden. Dies gilt insofern, als die Wähler bei den Bundestagswahlen auch für einen Kanzlerkandidaten und eine bestimmte Koalition – und zumeist auch für ein zukünftiges Kabinett – ihre Stimmen abgeben. Dem *Bundeskanzler* kommt nach dem Grundgesetz eine beachtliche Machtfülle zu, die konkret von seiner Position innerhalb des Kabinetts und der Partei und nicht zuletzt von seiner Persönlichkeit abhängt. Mit seiner Kompetenz, die *Richtlinien der Politik* zu bestimmen, wird die bedeutsame Rolle des Kanzlers unterstrichen, wenngleich das *Kanzlerprinzip* durch das *Ressortprinzip* (wonach jeder Bundesminister innerhalb der vom Kanzler zu bestimmenden Richtlinien seinen Geschäftsbereich selbständig und unter eigener Verantwortung leitet) sowie durch das *kollegiale Kabinettsprinzip* (wonach über Meinungsverschiedenheiten zwischen den Bundesministern die Bundesregierung entscheidet) verfassungsrechtlich begrenzt wird. Die Machtposition des Bundeskanzlers wird schließlich durch das *konstruktive Mißtrauensvotum* deutlich; hiernach kann der Bundestag dem Kanzler das Mißtrauen nur dadurch aussprechen, daß er mit der Mehrheit seiner Mitglieder einen Nachfolger wählt. In diesem Zusammenhang steht auch die *Vertrauensfrage* und damit die Möglichkeit, den Bundestag aufzulösen, wenn der Antrag eines Bundeskanzlers, ihm das Vertrauen auszusprechen, nicht die Zustimmung der Mehrheit der Mitglieder des Bundestages findet. Die „Vertrauens"-Frage gilt als problematisch, wenn sie wie zu Beginn der Ära Kohl vom Bundeskanzler mit dem Ziel gestellt wird, daß sich die Mehrheit *verweigere*, um so eine Bundestagsauflösung und damit Neuwahlen zu erreichen.

Reichweite und Komplexität der Gesetzgebung führten zu deren Konzentration bei der Bundesregierung, die sich hierbei auf eine weit verzweigte Ministerialverwaltung stützt. Die Initiative zu Gesetzesvorlagen liegt weitgehend bei den zuständigen Fachministerien, wo schon bei den Referentenentwürfen zahlreiche Abstimmungsprozesse mit anderen Ministerien und vor allem mit den Interessenvertretern stattfinden. Hier ist jener *Verbandseinfluß* angesiedelt, der wesentlich weiter reicht als bei den Parlamentsausschüssen mit ihren öffentlichen Anhörungen. Die Verlagerung fast aller politisch wichtigen Materien auf den Bund und das Überwiegen von *technischen* Regelungen in Form von Maßnahmegesetzen, Rechtsverordnungen und Erlassen haben die Exekutive zum Hauptadressaten der Verbände werden lassen. Die Gemeinsame Geschäftsordnung der Bundesministerien (die wie die Geschäftsordnungen anderer kollegialer Verfassungsorgane bindende Rechtsnormen beinhaltet) befugt die Ministerialverwaltung, bei der Vorbereitung von Gesetzen Sachverständige heranzuziehen und zum gleichen Zweck ständige Beratungsgremien – Beiräte – einzurichten. Zwar weist die Geschäftsordnung ausdrücklich darauf hin, daß die Mitglieder von Beiräten nur sich selbst verantwortlich und, wenn sie von Organisationen kommen, weder als deren Vertreter tätig noch an Weisungen gebunden sind. Doch die begriffliche Trennung zwischen *Experten* einerseits und *Interessenvertretern* andererseits versagt vor der Praxis, die durch eine enge Verflechtung gekennzeichnet ist. Bei aller Kritik an den durch keine allgemeine Wahl legitimierten Interessenverbänden und deren ungleicher Verhandlungsmacht läßt sich sagen, daß die Bürger ebensowenig ohne die Hilfe der Verbände Einfluß auf die Verteilung staatlicher Leistungen nehmen können wie ohne die Hilfe von Parteien Einfluß auf die Gestaltung der Politik. Jedenfalls wird das komplexe Gebilde der Gesellschaft durch die Interessenverbände strukturiert und damit berechenbarer. Ohne die Verbände müßten Regierung, Verwaltung und Parlament auf den gewohnten Rückgriff auf berechenbare Strukturen verzichten.

Die Französische Republik

Daß Frankreich – in dem die traditionelle Form des kontinental-europäischen Parlamentarismus entstand, die vielen anderen Ländern als Vorbild diente – heute ein *parlamentarisch-präsidentielles* System aufweist, erklärt sich aus der Geschichte der III. und IV. Republik und vor allem aus der Person Charles de Gaulles. Nach seiner Überzeugung sollte nach den fortwährenden Kabinettswechseln in den vorangegangenen Republiken zum Zwecke der Stabilität des politischen Systems die „Autorität des Staates" einem starken Staatspräsidenten zustehen[6]. Seine Nachfolger schlossen sich dieser Auffassung an; und die Verfassung von 1958, die dem *Staatspräsidenten* einen großen Teil der Regierungsmacht zubilligt, wurde durch die Verfassungsinterpretation seitens de Gaulles und seiner Nachfolger noch dahingehend erweitert, daß dem Präsidentenamt – unter Schwächung der Befugnisse des Premierministers und des Parlaments – heute die vorherrschende Position im französischen System zukommt. Außer in Zeiten der *Cohabitation* (in denen sich der Staatspräsident in der Nationalversammlung auf keine ihm nahestehende Mehrheit stützen kann und der Staatschef und der Premierminister verschiedenen Parteien angehören) bestimmt der in unmittelbarer Volkswahl für sieben Jahre gewählte *Staatspräsident* weitgehend die Richtlinien der Innen- und Außenpolitik. Zu seinen Kompetenzen zählen die Ernennung und Entlassung des Premierministers (wobei er allerdings de facto die Mehrheitsverhältnisse in der Nationalversammlung berücksichtigen muß) sowie die Ernennung und

Entlassung der übrigen Regierungsmitglieder auf Vorschlag des Premierministers.

Im Rahmen seiner weiteren Befugnisse kann der Staatspräsident neben seinem Recht, Botschaften an das Parlament zu richten und drei der neun Mitglieder des Verfassungsrates (*Conseil Constitutionnel*) zu ernennen, vom Parlament verabschiedete Gesetze oder einzelne ihrer Artikel zu einer erneuten Beratung an das Parlament zurückreichen und sie vom *Conseil Constitutionnel* auf ihre Vereinbarkeit mit der Verfassung überprüfen lassen. Darüber hinaus verfügt er über die Kompetenzen, nach Beratung (*Consultation*) mit dem Premierminister und den Präsidenten der Nationalversammlung (*Assemblée Nationale*) und des Senats die *Assemblée Nationale* aufzulösen sowie von seinen außerordentlichen Notstandsvollmachten in Ausnahmesituationen Gebrauch zu machen. Das Recht zur Auflösung der Nationalversammlung ist mit der Schiedsrichterfunktion des Staatspräsidenten eng verbunden; nach der Verfassung gewährleistet er mit seinem Schiedsspruch das ordnungsgemäße Funktionieren der öffentlichen Gewalten sowie die Kontinuität des Staates. Nicht zuletzt sind es die Bereiche der Außen- und vor allem der Verteidigungspolitik, in denen dem Präsidenten uneingeschränkte Dominanz zukommt, sowie die ihm per Dekret des Ministerrats (1964) übertragene *Domaine réservé*, wonach nur der Staatschef (ohnehin Oberbefehlshaber der Streitkräfte) über den Einsatz der Nuklearstreitkräfte entscheidet.

Derart bieten sich dem Präsidenten zahlreiche Möglichkeiten, die Politik zu beeinflussen und zu gestalten. Mit Ausnahme der Zeiten einer *Cohabitation*, in denen die Regierung ihre verfassungsrechtliche Kompetenz wahrnimmt und die „Politik der Nation" (faktisch die Innenpolitik) bestimmt und leitet, während in der Außen- und Sicherheitspolitik der Staatspräsident durchgehend vorherrscht, führt der Premierminister mit seinen Ministern die Regierungsgeschäfte im Rahmen der vom Präsidenten vorgegebenen Richtlinien. Hierbei kommt es zu einem Zusammenwirken der *doppelköpfigen Exekutive*, das Kompromißbereitschaft erfordert – nicht zuletzt deshalb, weil die meisten Handlungen des Präsidenten der Gegenzeichnung durch den *Premierminister* bedürfen. Dessen Rolle im französischen System kann als recht unbestimmt bezeichnet werden. Er wird einerseits, wie erwähnt, vom Präsidenten ernannt; andererseits jedoch muß der Präsident ihn (und die übrigen Regierungsmitglieder) entlassen, wenn die *Assemblée Nationale* der Regierung mit der Mehrheit ihrer Mitglieder durch einen Tadelsantrag das Mißtrauen ausspricht. Der Premierminister leitet die Tätigkeit der Regierung, gewährleistet die Ausführung der Gesetze mit Hilfe der Verwaltung und nimmt die Ernennungen für die hohen zivilen und militärischen Ämter vor. Hinzu kommen die Vorrechte des Premierministers gegenüber dem Parlament. Er verfügt über die Gesetzesinitiative, und er kann, wie der Präsident, Gesetze dem *Verfassungsrat* zur Überprüfung ihrer Verfassungsmäßigkeit zuleiten. Parallel hierzu besteht jedoch die Richtliniensteuerung der Politik seitens des Staatspräsidenten, so daß außer in Zeiten der *Cohabitation*, in denen das parlamentarisch-präsidentielle System Frankreichs *parlamentarische* Züge annimmt, dem Premierminister nur eine untergeordnete Rolle zukommt. Dies zeigt sich besonders gegenüber den Ministern, die zu Zuarbeitern des Präsidenten wurden, sowie gegenüber dem Ministerrat (*Conseil des Ministres*), in dem der Präsident den Vorsitz führt.

Eine herausragende Position kommt der französischen *Staatsbürokratie* in der Politik und in der (halb)staatlichen Wirtschaft zu; sie gilt als die mächtigste in der westlichen Welt. Ihre Stärke erklärt sich daraus, daß die Parteien und Interessenverbände relativ schwach sind, vor allem aber daraus, daß die große Mehrheit ihrer Mitglieder von den *Grandes Écoles* und den *Grands Corps* kommt. Bedeutende Ausbildungsstätten sind für die administrativen Korps die *École Nationale d'Administration* und für die technischen Korps die *École Polytechnique*. Die sich hier vollziehende Rekrutierung der politisch-administrativen und technischen Eliten bildet die Grundlage für ein Geflecht von Beeinflussungsmöglichkeiten und von Patronage.

Ein relativ begrenzter Stellenwert im parlamentarisch-präsidentiellen System Frankreichs kommt dem *Parlament* zu.

Es besteht aus zwei Kammern: aus der direkt gewählten *Nationalversammlung* (mit 577 Sitzen, von denen 22 für die überseeischen Territorien reserviert sind) und aus dem indirekt gewählten Senat (mit 321 Mitgliedern, von denen 14 von den Überseegebieten und 12 von den Auslandsfranzosen gestellt werden). Die Gesetzesvorlagen werden vom Ministerrat nach Anhörung des Staatsrats (in dessen Funktion als juristisches Beratungsorgan der Regierung, dessen Mitglieder vom Präsidenten ernannt werden) beim Präsidium einer der beiden Kammern eingebracht. Deren Befugnisse sind insofern ungleich verteilt, als der *Assemblée Nationale* die Letztentscheidung bei den das Parlament betreffenden Gesetzen zusteht. Insgesamt sind jedoch beide Kammern in ihrer Gestaltungsfreiheit bei der Gesetzgebung erheblich zugunsten der Exekutive beschränkt. Dies deshalb, weil die Gesetzgebung des französischen Parlaments verfassungsrechtlich auf bestimmte wichtige Bereiche begrenzt ist und alle anderen Sachgebiete durch die Exekutive auf dem Verordnungsweg geregelt werden.

Die Vereinigten Staaten von Amerika

Im Unterschied zu den *parlamentarischen* Systemen, in denen die Regierung aus dem Parlament hervorgeht und von dessen Vertrauen abhängig ist (zwischen beiden also keine Gewaltenteilung, sondern lediglich eine Arbeitsteilung besteht), sind in *präsidentiellen Systemen* Legislative und Exekutive institutionell voneinander getrennt. So werden in den USA der *Kongreß* – das Repräsentantenhaus (*House of Representatives*) und der Senat (*Senate*) – sowie de facto auch der *Präsident* (über direkt vom Volk gewählte Wahlmänner) *unmittelbar* vom Volk gewählt, wodurch beide eine eigenständige und gleichrangige Legitimation erhalten. Nimmt man noch die separate *richterliche Gewalt* des Obersten Bundesgerichts: des *Supreme Court*, hinzu, der ein Gesetz für verfassungswidrig erklären und damit in die *Kompetenzen des Kongresses* eingreifen kann, so verdeutlicht sich in den Vereinigten Staaten eine Grundstruktur der Gewalten*teilung*, aber auch (wie noch näher aufzuzeigen ist) der – funktionalen – Gewalten*verschränkung*, die durch die vertikale Gewaltenteilung der föderativen Staatsstruktur ergänzt wird.

Im System der Gewaltenteilung und -verschränkung[7] obliegt dem *Kongreß* die legislative Gewalt, also prinzipiell die Gesetzgebung, bei der jedoch der Präsident dadurch mitwirken kann, daß er ein suspensives Veto gegen verabschiedete Gesetzesvorlagen des Kongresses einlegt. Ein solches Veto ist nur von einer Zweidrittelmehrheit in beiden Häusern des Kongresses zu überstimmen. Hinzu kommt das Taschenveto (*pocketveto*), mit dem der Präsident kurz vor Ende einer Legislaturperiode ein Gesetz „in der Tasche verschwinden lassen kann", anstatt es zu unterzeichnen. Außerdem ist der Präsident im Rahmen seines Berichts über die Lage der Union (*state of the Union*) befugt, dem Kongreß Maßnahmen zur Beratung zu empfehlen. Über die legislative Gewalt hinaus, bei der die noch näher zu erörternden Ausschüsse (*Committees*) des Kongresses als *Arbeitsparlament* eine bedeutende Rolle spielen, verfügt dieser neben der unbeschränkten Budgethoheit über ein ausgeprägtes Kontrollrecht und über die Möglichkeit, für bestimmte gesetzlich verankerte Aufgaben unabhängige Agenturen zu bilden (s. weiter unten). Schließlich kann der Kongreß durch das *Impeachment*-Verfahren den Präsidenten, den Vizepräsidenten, einen auf Lebenszeit ernannten Bundesrichter oder ein vom Präsidenten ernanntes Mitglied der Exekutive wegen Hochverrats, Bestechung oder anderer schwerer Verbrechen und Vergehen (*high crimes and misdemeanors*) ihres jeweiligen Amtes entheben (wobei die Gründe *high crimes and misdemeanors* politisch motivierte *Impeachment*-Verfahren erlauben). Über alle vom Repräsentantenhaus mit absoluter Mehrheit erhobenen Amtsanklagen befindet der als Gericht fungierende Senat mit einer Zweidrittelmehrheit. Bei Anklagen gegen den Präsidenten führt der Chefrichter der Vereinigten Staaten (*Chief Justice of the United States*) den Vorsitz.

Die exekutive Gewalt liegt grundsätzlich beim *Präsidenten*, der die Funktionen eines Staatsoberhauptes und eines Regierungschefs in seiner Person vereinigt. Als auf vier Jahre gewählter Leiter der Exekutive (*Chief of Executive*), dem die Ministerien (*Departments* mit ihren jeweiligen *Secretaries*) und zahlreiche Exekutivbehörden (*Executive Agencies*) unmittelbar unterstehen, kann der Präsident gleichwohl bestimmte exekutive Befugnisse nicht unbeschränkt ausüben. So ernennt er zwar neben den Botschaftern, Gesandten und Konsuln die Mitglieder der Exekutive sowie darüber hinaus die Richter des *Supreme Court*; hierbei steht jedoch dem Senat ein Mitsprache- und Zustimmungsrecht (*advice and consent*) zu. Insgesamt ist der Präsident (nicht zuletzt durch seine Kompetenzen in der Außen- und Sicherheitspolitik) der machtvollste Vertreter des US-amerikanischen Systems, der jedoch gleichwohl in seinen Entfaltungsmöglichkeiten durch ein System der Gewaltenteilung und -verschränkung begrenzt wird. Der Kerngehalt dieses Systems besteht darin, die drei Gewalten einerseits so klar zu trennen, daß keine übermächtig werden kann, andererseits aber so miteinander zu verschränken, daß alle auf Kooperation angewiesen sind.

Die Verfassungsprinzipien und die Merkmale des durch sie begründeten Systems der *checks and balances*, in dem vor allem Senat und Repräsentantenhaus dem Präsidenten als Partner und Gegner gegenüberstehen, lassen sich – im Vergleich zum parlamentarischen System – durch einige weitere Charakteristika ergänzen, die die umseitige Tabelle aufweist. Hervorzuheben ist u.a., daß Person und Politik des Regierungschefs nicht wie im parlamentarischen System prinzipiell von einer Mehrheit des Parlaments getragen werden, sondern der Präsident mit einem Kongreß zu arbeiten hat, in dem andere Interessenkonstellationen und Parteimehrheiten vorherrschen können. Außer in personalpolitischen Entscheidungen läßt sich eine Fraktionsdisziplin nicht feststellen. Die Vereinigten Staaten kennen keine organisierten Parlamentsfraktionen der *Parteien*, die lokale Organisationen darstellen, in deren Namen Kandidaten für ein Wahlamt auftreten, bzw. lose Ansammlungen von einzelstaatlichen und lokalen (Patronage-)Parteiorganisationen, die durch den gemeinsamen Willen, Kontrolle über die Präsidentschaft zu gewinnen, vereinigt werden.

Tabelle: Merkmale des US-amerikanischen
und des parlamentarischen Systems

US-amerikanisches System	Parlamentarisches System
Führung der Exekutive in der Person des Präsidenten vereinigt	Geteilte Funktionen (Regierungschef und Staatsoberhaupt)
Dem Präsidenten unterstehen unmittelbar die *Secretaries* (die Leiter der *Departments*) sowie die Exekutivbehörden. Der Präsident kann praktisch allein gegen seine Minister (*Secretaries*) entscheiden.	Regierungskompetenzen teilen sich auf zwischen dem Regierungschef (der die Richtlinien der Politik bestimmt), den einzelnen Ministern (mit Ressortverantwortlichkeit) und dem Kabinett.
Unvereinbarkeit (Inkompatibilität) von Regierungsamt und Kongreßmandat	Regierungschef und Minister sind in der Regel Mitglieder des Parlaments.
Verantwortung des Präsidenten gegenüber der Verfassung. Hinzu kommt die Möglichkeit der Amtsanklage (*Impeachment*) wegen Hochverrats, Bestechung etc.	Person und Politik des Regierungschefs werden von einer Mehrheit des Parlaments getragen. Bei Differenzen kann dem Regierungschef das (konstruktive) Mißtrauen ausgesprochen werden.
Gesetzesvorlagen des Präsidenten können in den Kongreß nur indirekt über nahestehende Abgeordnete eingebracht werden.	Unterstützung der Mehrheitsfraktion (bzw. Koalition) bei Gesetzesvorlagen der Regierung
Die Partei stellt in der Regel nur so lange einen einheitlich handelnden Apparat dar, wie politische Positionen zu besetzen sind.	Enger Zusammenhalt innerhalb jeder Partei. Fraktionsdisziplin

Die durch das Konzept der Gewaltenteilung und -verschränkung erzeugte Komplexität des politischen Systems der USA läßt sich auch an seiner exekutiven bzw. administrativen Struktur und am Ausschußwesen des Kongresses ablesen. Was die Ausschüsse (*Committees*) anbelangt, die mit ihren Unterausschüssen ein beträchtliches Eigengewicht besitzen, so zeigt sich deren wichtigste Rolle darin, daß sich auf sie die Gesetzgebungsarbeit des Kongresses weitgehend verlagert hat. Von ihnen werden die einzelnen Entscheidungen bis ins Detail vorbereitet und zum Teil auch getroffen. Die Ausschüsse üben derart einen ähnlich großen Teil der Kompetenzen des Kongresses aus wie bei dessen Kontrollrecht. Auch hier nehmen sie mit ihren Unterausschüssen eine weitreichende Kontrolle der exekutiven Handlungen vor – eine Kontrolle, die sich auf Akteneinsicht und Zeugenbefragung ebenso erstreckt wie darauf, Beamte vorzuladen. Was die exekutive bzw. administrative Struktur des US-amerikanischen Systems betrifft, so umfaßt sie drei Organisationsstränge: das Exekutivbüro des Präsidenten *(Executive Office of the President)*, zu dem u. a. das *Office of Management and Budget* (für die Haushaltserstellung und -kontrolle), der *Council of Economic Advisers* (für die Beratung in der Wirtschaftspolitik), das *Office of Science and Technology Policy* (für die Beratung in der Technologiepolitik) und der *National Security Council* (für die Beratung in der Außen- und Sicherheitspolitik) zählen. Hinzu kommen die unabhängigen Agenturen *(Independent Agencies)* u. a. mit dem *Civil Aeronautics Board* (für die Aufsicht über die Zivilluftfahrt) und der *Interstate Commerce Commission* (für den Handel zwischen den Bundesstaaten der USA) und schließlich vor allem das Kabinett *(Cabinet)* des Präsidenten, das aus den Chefs der *Departments* besteht. Auf dieses fragmentierte Gebilde des administrativen Apparats mit unterschiedlichen Macht- und Steuerungszentren kann jedoch nicht nur die Exekutivspitze, das Präsidentenamt, sondern auch der Kongreß zurückgreifen. Er bestimmt die gesetzlichen Grundlagen für die Behördenstruktur, das Personal und die Aufgabenbereiche; und die Bestellung des Spitzenpersonals bedarf, wie erwähnt, der Zustimmung des Senats. Insofern können aus der Sicht des Präsidenten insbesondere die Minister *(Secretaries)*, aber auch die Leiter der Beraterstellen des *Executive Office of the President* nur bedingt als Repräsentanten der Exekutivspitze angesehen werden; sie sind ebenso Vertreter der Programme ihrer Ämter, Komitees und Ministerien (und der auf sie gerichteten Interessenverbände) sowie der gesetzlichen Vorgaben eines Kongresses, der auch die zahlreichen *Independent Agencies* einsetzt und kontrolliert. So nimmt es nicht wunder, daß für den Präsidenten in einem weit höheren Maße als die Ministerialorganisation und die des Exekutivbüros sein enger Beraterkreis im *White House Office* an Bedeutung gewinnt – ein für den Politikfindungsprozeß kaum zu überschätzender persönlicher Stab, den der Präsident ohne die Zustimmung des Senats ernennt, der nur ihm verantwortlich ist und dessen Tätigkeit keiner gesetzlichen Normierung seitens des Kongresses unterliegt.

Exkurs: Japan

Das politische System Japans stellt eine parlamentarische Monarchie (mit symbolischer Funktion des Tennōs) dar, die westliche Institutionen aufweist und durch Normen eigener Prägung gekennzeichnet ist. Nach der Verfassung, deren Entstehungsgeschichte von den Vereinigten Staaten beeinflußt wurde, besteht eine Zweikammer-Einteilung des Parlaments (*Kokkai*) in ein Ober- und ein *Unterhaus*, das die Gesetzentwürfe der Regierung und der traditionell mächtigen Bürokratie zumeist per Konsens behandelt und verabschiedet. Das *Oberhaus* (*Kammer der Berater*) – weder Adelshaus noch Länderkammer – verfügt über das Recht, bei zustimmungspflichtigen Gesetzen (zu denen das Budgetrecht und internationale Verträge nicht zählen) sein Veto einzulegen, das vom Unterhaus mit einer Zweidrittelmehrheit überstimmt werden kann, wenn die üblichen Aushandlungsprozesse versagen. Viele Japaner sehen in der Verfassung, deren Theorie von der Wirklichkeit – dem machtvollen Dreieck aus Politik, Ministerialbürokratie und Wirtschaft – abweicht, weitgehend nur ein Bekenntnis zur Demokratie: zu einer Demokratie japanischen Stils.

Innerhalb der *Regierung* kommt dem vom Parlament gewählten *Ministerpräsidenten* eine starke Machtposition zu, wenngleich diese, wie noch aufzuzeigen ist, durch die Existenz mächtiger Faktionen innerhalb der Parteien – hier: der Regierungspartei – wiederum auch eingeschränkt wird. Er ernennt und entläßt die Minister (wobei die Zusammensetzung des kollektiv dem Parlament verantwortlichen Kabinetts weitgehend die Stärke der einzelnen Faktionen widerspiegelt) und kann das Unterhaus vorzeitig auflösen[8]. Diese Möglichkeit haben fast alle Regierungschefs wahrgenommen, um durch Neuwahlen auf plebiszitärer Grundlage zu einem geeigneten Zeitpunkt die Oppositionsparteien und die innerparteilichen Gegner zu schwächen und damit ihre politische Stellung in der eigenen Partei zu stärken. Dem widerspricht nur scheinbar die durch Harmonie und Konsens gekennzeichnete politische Kultur im Unterhaus, in dem Kompromisse mit der Opposition auf informeller Ebene erstrebt und Kampfabstimmungen umgangen werden. Bei einer groben Untergliederung der politischen Systeme in *Konkurrenzmodelle* (nach denen politische Konflikte unter Wettbewerbsbedingungen durch Mehrheitsentscheidungen reguliert werden) und in *Konkordanzmodelle* (bei denen Konflikte durch Konsens behoben werden)[9] kommt die zweite Modellvariante der japanischen Realität sehr nahe.

Ein Überblick über die japanischen Parteien zeigt zwei Charakteristika: Sie sind (mit Ausnahmen) keine Programm- oder Volksparteien, sondern Zusammenschlüsse einzelner Interessengruppen mit vagen Grundsatzprogrammen; und sie bestehen aus mehreren rivalisierenden *Faktionen* (*Habatsu*). Aus diesem Faktionalismus, konkret: aus der persönlichen Unterstützung in seiner eigenen Faktion, ergibt sich die Stellung des Ministerpräsidenten. Mit anderen Worten: Der einflußreichste Politiker der jeweils stärksten Faktion einer Partei erhebt Anspruch auf das Amt des Regierungschefs, bei dessen Ausübung er die Mehrheit der Führer der übrigen Faktionen seiner Partei hinter sich haben muß. Diese Unterstützung besaßen alle Ministerpräsidenten der konservativen Liberal-Demokratischen Partei (LDP), die von 1955 bis 1993, also 38 Jahre lang, die Regierung stellte und inzwischen erneut stellt. Kennzeichnend für die lange Regierungszeit der LDP war und ist nicht nur ihre Finanzierung durch Wirtschaftskreise und damit die enge Verflechtung von (Groß-)Unternehmen und Wirtschaftsverbänden mit den politisch verantwortlichen Entscheidungsträgern, die das Diktum von der „Japan AG" entstehen ließ. Kennzeichnend für das LDP-Regierungsmonopol war darüber hinaus die Tatsache, daß ihre Spitzenpolitiker aus der Beamtenelite kommen. Das damit verbundene (noch zu erörternde) Karriere-schema zeichnet für die engen Beziehungen zwischen der LDP und der Ministerialbürokratie verantwortlich. Diese Beziehungen mögen – durch passiven Widerstand der Ministerialbürokratie gegen ein Kabinett der Opposition – dazu beigetragen haben, daß die 1993 zustande gekommene Koalitionsregierung aus acht Parteien und Gruppierungen unter Ministerpräsident Hosokawa mit acht Monaten Amtszeit ebenso kurzlebig blieb wie die Koalitionsregierung unter Ministerpräsident Hata von 1994. Das Ergebnis der kurzen Koalitionsregierungen oppositioneller Gruppierungen war die schrittweise Rückkehr der LDP an die Macht, was sich bei den Unterhauswahlen vom Oktober 1996 zeigte. Die LDP, der es erneut gelang, eine knappe Mehrheit zu erringen, stellte zunächst eine Minderheitsregierung und gewann im September 1997 durch den Übertritt mehrerer Abgeordneter der oppositionellen Neuen Fortschrittspartei wieder die absolute Mehrheit.

Die Liberal-Demokratische Partei (die zwar bei den Teilwahlen zum Oberhaus vom Juli 1998 Mandatsverluste hinnehmen mußte, was zu einem LDP-internen Regierungswechsel führte) blieb mithin auch nach dem neuen Wahlsystem von 1994 Mehrheitspartei. Dieses Wahlsystem mit zwei Stimmen: je einer Stimme für 300 Direktmandate in Einerwahlkreisen und 200 Listenmandate (nach dem Verhältniswahlsystem), von dem man sich eine nachhaltige Veränderung der politischen Landschaft erhoffte – namentlich die Aufbrechung der durch die lange LDP-Herrschaft entstandenen verkrusteten Strukturen, die Entwicklung eines den Regierungswechsel erleichternden Zweiparteiensystems, aber auch eine Verminderung der Korruption –, enttäuschte die Erwartungen. Die LDP setzte sich mit ihrer Vorstellung eines verstärkten Übergewichts der Direktmandate durch, für die nur sie in allen Wahlkreisen Kandidaten aufstellen konnte. Auch verhinderte dieses Übergewicht der Direktmandate die Absicht, zwei der drei traditionellen Säulen für eine erfolgreiche Kandidatur: das bekannte Gesicht eines Parteipolitikers (*Kanban*) und eine wohlgefüllte Börse für materielle Zuwendungen (*Kaban*), wegzubrechen.

Und durch die Aufteilung der Listenmandate auf elf Regionallisten blieb auch die dritte Säule erfolgreicher Kandidaturen: eine lokale Hochburg (*Jiban*), und damit die „Wahlkreispflege" bzw. die Korruption bestehen. So gelang es weder, die drei „Ban" und damit die erwähnte Verkrustung und Korruption zu beseitigen, noch ein Zweiparteiensystem zu etablieren, da 40 Prozent der Unterhausmandate durch das Verhältniswahlsystem (mit einer Drei-Prozent-Sperrklausel) vergeben wurden. Hinzu kam bei den japanischen Wählern die weitgehende Ablehnung des ungewohnten Wahlsystems und die resignierte Entscheidung für das Vertraute. Bei ihnen herrschte Unverständnis darüber, daß ein Kandidat, der in seinem Einerwahlkreis kein Direktmandat erhielt, trotzdem über die Regionalliste ins Unterhaus gelangte, wird doch dadurch die Entscheidung der Wähler in den Einerwahlkreisen ignoriert.

Neben der Liberal-Demokratischen Partei besteht u. a. die Demokratische Partei Japans (DPJ), die kurz vor den Unterhauswahlen 1996 von Mitgliedern der verschiedensten Parteien und Gruppen (vor allem der Sozialdemokratischen Partei) gegründet wurde, das Image der unverbrauchten neuen Kraft symbolisiert und die wichtigste Oppositionspartei darstellt. Ebenfalls als Oppositionspartei hat die dogmatisch orientierte Kommunistische Partei (KPJ) über Jahrzehnte ihre Bedeutung beibehalten. Die *Kōmeitō* hingegen, die eine Art buddhistischer Demokratie anstrebt und sich auf die mitgliederstarke Sekte *Sōka Gakkai* stützt, hat wie die Sozialdemokratische Partei (SDPJ; vor 1996 Sozialistische Partei) ihren Status als Oppositionspartei fast eingebüßt.

Im Bereich *Politik und Bürokratie* zeigt sich, daß postkonfuzianistische Gesellschaften noch immer der Tradition mächtiger Bürokratieapparate verhaftet sind, die Informationen bereitstellen, Gesetzentwürfe in die Wege leiten und deren Umsetzung lenken – ohne Kontrolle durch die Politik. Nun erarbeitet auch die Ministerialbürokratie anderer politischer Systeme solche Gesetzesvorlagen. Charakteristisch für Japan ist jedoch, daß Regierung und Ministerialbürokratie einen Politikfindungsprozeß pflegen, in dem die Beamtenschaft mehr als anderswo die politische Initiative ergreift und in dem konkrete Politikvorschläge von Refereratsleitern und deren Stellvertretern ausgehen. Es wäre freilich übertrieben zu behaupten, die japanische Ministerialbürokratie lenke die Regierung; richtig ist indessen, daß diese Bürokratie aus ihrem traditionellen Selbstverständnis heraus heute noch einzelne Politikfelder bestimmt. Die Frage des Einflusses in der Politikgestaltung kann daher nur bereichsbezogen beantwortet werden. Wichtiger ist ohnehin das enge Band zwischen Politikern und Ministerialbeamten: jener Elitebürokratie, die sich im Wirtschaftsministerium, dem *MITI*, aber auch im Finanz- und Außenministerium in der Tradition der Samurai-Beamten dem Ethos des Dienens verpflichtet fühlt. Und dieses enge Band, das auch zwischen Japans Beamtenelite und den Wirtschaftsführern besteht, erklärt sich vor allem daraus, daß viele hohe Bürokraten gemeinsam mit den Spitzenpolitikern und den Wirtschaftsführern eine Ausbildung an Japans Eliteuniversitäten in Tokio (der Todai), in Kyoto und Sendai erhalten haben. Das eingangs erwähnte machtvolle Dreieck aus Politik, Ministerialbürokratie und Wirtschaft gründet weitgehend auf diesem elitebildenden Universitätssystem, aus dem sich das japanische Establishment rekrutiert.

IV. Die postkommunistischen Gesellschaften

Die politischen Systeme in Ostmittel- und Osteuropa

Rund zehn Jahre sind seit dem Beginn des Prozesses der Transformation (des Systemwechsels von kommunistischen Regimen zu Demokratien) im Osten Europas vergangen. Nach dem Zusammenbruch des Kommunismus hatten die Staaten Ostmittel- und Osteuropas vor allem zwei Umgestaltungsaufgaben zu bewältigen: die Einführung von Demokratie und Marktwirtschaft. In Sachen Demokratie, mit der sich die Euphorie des Aufbruchs verband, zeigte sich alsbald eine weitgehende Ernüchterung[10]. Die Lage hatte sich als schwieriger erwiesen als ursprünglich angenommen. Neben Ländern, die die Demokratisierung erfolgreich vorangetrieben haben, stehen solche, in denen sich instabile Demokratien herausbildeten. Es vollzog sich ein Prozeß der Differenzierung von Land zu Land und zwischen bestimmten Gruppen von Ländern. Während in Ostmitteleuropa – vor allem in Ungarn und Polen sowie in der Tschechischen Republik – relativ beachtliche Transformationserfolge zu verzeichnen sind, stagnierten viele Jahre lang die Prozesse der Umgestaltung in den osteuropäischen Ländern Rumänien und Bulgarien. In Ostmitteleuropa weisen die dritten freien Wahlen in Ungarn (1998) und Polen (1997) auf eine Festigung der demokratischen Systeme in diesen Ländern hin. Das ungarische System wurde durch die verfassungsrechtliche Verankerung eines konstruktiven Mißtrauensvotums gestärkt. In Polen trug neben dem relativ erfolgreichen Übergang zur Marktwirtschaft das 1993 eingeführte Wahlgesetz (Verhältniswahlsystem mit einer Fünf-Prozent-Sperrklausel für Parteien und einer Acht-Prozent-Hürde für Wahlbündnisse) zu einer Stabilisierung des politischen Systems bei. Auch vollzog sich in diesen beiden Staaten schon vor 1989 eine verhältnismäßig lange während partielle Liberalisierung – im Unterschied zu den osteuropäischen Staaten Bulgarien und Rumänien, in denen die Liberalisierung mit der Krise der alten Regimeeliten einherging; erst daraufhin wurden oppositionelle Parteien zugelassen und demokratische Wahlen durchgeführt.

In Ostmittel- und Osteuropa befinden sich politische Systeme also noch immer in einem Transformationsprozeß, der es erschwert, sie Systemtypen zuzuordnen. Gleichwohl haben sich auch im Osten Europas politische Systeme herausgebildet, die sich als parlamentarische oder parlamentarisch-präsidentielle Systeme bezeichnen lassen, wenngleich sie als postkommunistische demokratische Systeme von den entsprechenden Systemen im Westen Europas durch die formale Legitimität der Verfassungen (s. unten) und die Phasen der Transition (Systemwechsel) abweichen. Die meisten politischen Systeme der Region können als *parlamentarische Systeme* bezeichnet werden. Für die zu behandelnden Systeme trifft dies auf Ungarn, Bulgarien sowie auf die Tschechische und die Slowakische Republik zu, während die politischen Systeme Polens und Rumäniens dem *parlamentarisch-präsidentiellen Systemtyp* zugeordnet werden können. Diese neu verfaßten Staaten lassen sich des weiteren danach unterscheiden, welchen Einfluß die Art und Weise des Systemwechsels auf die postkommunistischen Institutionen hatte. Hier stehen politische Systeme (wie Rumänien und Bulgarien), deren Transition von den alten Regimeeliten gelenkt wurde, politischen Systemen mit einer ausgehandelten Transition gegenüber, die nur selten zu parlamentarischen Systemen (Ungarn bildet hier eine Ausnahme), sondern zumeist zu parlamentarisch-präsidentiellen Systemen führte, wofür Polen ein Beispiel bietet. Darüber hinaus ist die Legitimität der demokratischen Verfassungen von Bedeutung. Ausgehend von der Frage, ob eine demokratisch gewählte verfassungsgebende Versammlung den Verfassungsentwurf erstellte oder der Verfassungsvorschlag durch ein Staatsorgan per Volksabstimmung angenommen wurde, kann zwischen einer *Legitimität von oben* wie im Falle Bulgariens (1991) oder einer *Legitimität von unten* wie im Falle Polens (1997) gesprochen werden.

Die Republiken Ungarn und Polen, die Tschechische und die Slowakische Republik

Wie in vielen postkommunistischen Ländern vollzog sich auch in *Ungarn* eine Politik der Kompromisse zwischen den alten Regimeeliten und den neuen demokratischen Reformkräften bei den Verhandlungen zur Verfassungsrevision am Runden Tisch, wo die Diskussionen über die Direktwahl und die Kompetenzen des Staatspräsidenten sowie über das allgemeine Wahlsystem konfliktreich verliefen. So erhofften sich die alten Regimeeliten von der Mehrheitswahl und die Opposition von der Verhältniswahl jeweils Vorteile. Die Frage der Befugnisse des Staatspräsidenten bestimmte noch die zweite Verhandlungsrunde nach den Gründungswahlen im März/April 1990, die zu einer Koalitionsregierung des Demokratischen Forums (MDF) mit den Christdemokraten (KDNP) und den Kleinlandwirten (UKD) führten. Die Postkommunisten, die Sozialistische Partei (MSZP), befürworteten nach wie vor die unmittelbare Volkswahl des Präsidenten, dem in einem parlamentarisch-präsidentiellen System relativ weite Machtbefugnisse zugeteilt worden wären. Es kam zu mehreren Referenden, die mit knapper Mehrheit die mittelbare Wahl des Präsidenten durch das Parlament beschlossen. Die Postkommunisten konnten danach nicht mehr ihre parlamentarisch-präsidentiellen Vorstellungen realisieren; entstanden war ein parlamentarisches System.

Die Verfassung der Republik Ungarn vom Oktober 1989 (mit den seit 1990 vorgenommenen Verfassungsänderungen) bezeichnet denn auch das Parlament, die *Nationalversammlung*, als das höchste Organ der Staatsgewalt, das die Grundrichtung und die Bedingungen der Regierungstätigkeit bestimmt und das neben seiner Gesetzeskompetenz und dem Budgetrecht völkerrechtliche Verträge abschließt sowie den Präsidenten, den Ministerpräsidenten, die Mitglieder des Verfassungsgerichts, die Präsidenten des Staatsrechnungshofes, den Präsidenten des Obersten Gerichts und den Generalstaatsanwalt wählt. Diese starke Stellung der Nationalversammlung wird durch eine ähnlich starke Position der Exekutive ergänzt. Im Mittelpunkt steht hier der *Ministerpräsident*, der auf Vorschlag des Präsidenten mit der Mehrheit der Stimmen der Mitglieder des Parlaments gewählt wird (womit die Annahme des Regierungsprogramms verbunden ist) und dessen Minister auf seinen Vorschlag vom Präsidenten ernannt und entlassen werden. Die *Regierung* kann in ihrem Zuständigkeitsbereich Verordnungen und Beschlüsse erlassen und wird durch ein konstruktives Mißtrauensvotum gestärkt. Der für eine Amtszeit von fünf Jahren gewählte *Präsident* „wacht über die demokratische Funktionsweise des Staatswesens"; er ist Oberbefehlshaber der Streitkräfte und schließt völkerrechtliche Verträge ab. Diese Kompetenzzuschreibungen sowie das System der *checks and balances* stellen einen beständigen verfassungsrechtlichen Rahmen dar.

In den Neuwahlen zur Nationalversammlung, die nach Inkrafttreten der überarbeiteten Verfassung stattfanden, in den Wahlen vom Mai 1994, erlangten die Sozialisten (MSZP) die Mehrheit. Die MSZP bildete mit dem Bund Freier Demokraten (SZDSZ) eine Koalitionsregierung unter Ministerpräsident Gyula Horn, der ein Modernisierungsprogramm bis zum April 1995 auszuarbeiten versprach. Doch weder die neuen Privatisierungsgesetze noch konkrete politische und wirtschaftliche Pläne wurden bis zu diesem Datum vorgelegt. Zur Politik der Falschmünzerei, die die Koalitionsparteien vor 1994 in der Opposition begannen und in ihrer Regierungszeit weiterführten, kamen Korruptionsfälle in der Regierungskoalition, die 1997 darin gipfelten, daß öffentliche Gelder den Parteikassen der beiden Koalitionsparteien zugeführt wurden. So nahm es nicht wunder, daß die Parlamentswahlen vom Mai 1998 einen deutlichen Rechtsruck brachten: Als stärkste politische Kraft der Opposition konnten sich die Jungdemokraten (FIDESZ-Bürgerliche Partei) etablieren. Diese schlossen eine Regierungskoalition mit den Kleinlandwirten (UKD) und dem Demokratischen Forum (MDF). Damit zeigte sich bei den Wahlen von 1990, 1994 und 1998 ein konfliktfreier Regierungswechsel von richtungspolitisch unterschiedlichen Parteien – für die

Transformationsforschung ein Hinweis auf eine demokratische Konsolidierung.

Ebenso wie in Ungarn begannen in *Polen* 1989 die Verhandlungen über die Verfassung am Runden Tisch, an dem die reformwilligen alten Regimeeliten und die politische Opposition schließlich ein parlamentarisch-präsidentielles System für die Polnische Republik ausarbeiteten. Es entstand zunächst die provisorische „Kleine Verfassung" vom Oktober 1992, die jedoch die Zuständigkeiten des Präsidenten, der Regierung und des Parlaments nicht eindeutig festlegte. Im Herbst 1993 gelangte nach den Parlamentswahlen eine Koalition aus dem Bündnis der Demokratischen Linken (SLD) und der Bauernpartei (PSL) an die Macht. Während ihrer Regierungszeit wurde nicht nur die Armee unter zivile und demokratische Kontrolle gestellt, was Präsident Lech Walesa bis zum Ende seiner Amtszeit (im November 1995) verhindert hatte. Im April 1997 entstand nach langen Bemühungen auf der Grundlage von mehr als einem halben Dutzend Entwürfen unterschiedlichster politischer Kräfte auch eine neue Verfassung, die durch ein Referendum im Mai 1997 angenommen wurde.

Die aus Vertretern des polnischen Abgeordnetenhauses, des *Sejm*, und des Senats zusammengesetzte Verfassungskommission hatte die neue Verfassung ausgearbeitet, bei der das parlamentarisch-präsidentielle Modell Frankreichs (ohne das Mehrheitswahlrecht) Pate stand und der man die zahlreichen Kompromisse anmerkt, die die Entstehung begleiteten. Im institutionellen Bereich wurde die Position des Sejm und des Senats leicht und die der Exekutive erheblich gestärkt. Der *Ministerrat* mit seinem *Präses* führt neben der Außen- vor allem die Innenpolitik, er verfügt wie der Präsident über die Gesetzesinitiative, er erläßt Verordnungen und schließt völkerrechtliche Verträge ab. Seine Machtstellung wird dadurch gestärkt, daß er nur durch ein konstruktives Mißtrauensvotum gestürzt werden kann, das der Mehrheit der Abgeordnetenstimmen bedarf. Was den in unmittelbarer Volkswahl für fünf Jahre gewählten *Präsidenten* als obersten Vertreter der Republik anbelangt, so kann er amtliche Akte erlassen und ein Gesetz zur erneuten

Überprüfung an den Sejm übergeben, der dieses Veto mit einer Mehrheit von drei Fünfteln der Stimmen zurückweisen kann. Der Präsident designiert den Präses des Ministerrats und ernennt ihn zusammen mit den vom Präses vorgeschlagenen übrigen Mitgliedern der Regierung, der vom Sejm nach Vorlage ihres Tätigkeitsprogramms das Vertrauensvotum erteilt werden muß. Der Präsident beruft u. a. den Ersten Vorsitzenden des Obersten Gerichts und die Vorsitzenden des Verfassungsgerichtshofs. Als Vertreter des Staates in äußeren Angelegenheiten und Oberbefehlshaber der Streitkräfte arbeitet er vor allem im Bereich der Außenpolitik mit dem Präses des Ministerrats und den zuständigen Ministern zusammen, wozu es einer engen Kooperation bedarf, die in Zeiten der *Cohabitation* erschwert wird. Darüber hinaus kann der Präsident – kennzeichnend für ein parlamentarisch-präsidentielles System – in Fragen von besonderer Bedeutung den Ministerrat als Kabinettsrat einberufen, der dann unter dem Vorsitz des Präsidenten tagt.

Die ersten Wahlen zum polnischen Abgeordnetenhaus, die nach der Verabschiedung der neuen Verfassung stattfanden, gewann im September 1997 die Wahlaktion der Gewerkschaft Solidarność (AWS); sie löste damit die seit 1993 regierende Koalition aus dem Bündnis der Demokratischen Linken (SLD) und der Bauernpartei (PSL) ab. Nach langen Verhandlungen zwischen der AWS und der Freiheitsunion (UW) kam eine Mitte-Rechts-Regierung zustande. Mit der Ablösung des Regierungschefs Wlodzinierz Cimoszewicz (SLD) besteht nun eine *Cohabitation* zwischen dem Präses des Ministerrats Jerzy Buzek (AWS) und dem Staatspräsidenten Aleksander Kwaśniewski. Diese *Cohabitation* hat bisher zu keinen ernsthaften Konflikten geführt und insofern den Prozeß der Konsolidierung der polnischen Demokratie nicht gehemmt.

Die „Logik der Machtteilung", die an den Runden Tischen in Ungarn und Polen in Verfassungskompromissen zwischen den alten Regimeeliten und den neuen demokratischen Reformkräften mündete, führte in der *Tschechoslowakei* (gemeinsam mit der langen latenten Unterdrückung der Slowaken) zur Auflösung des Staatsverbandes. So besteht heute neben der Slowakischen Republik die *Tschechische Republik*, in der die wirtschaftlichen Umbauerfolge und eine sich rasch entfaltende Zivilkultur den politischen Institutionen zu einer zusätzlichen Legitimation verhalfen. Andererseits gestalteten sich die Regierungsjahre des Premierministers Václav Klaus (1992–1997) als recht schwierig. So wechselte er in seiner Koalitionsregierung aus der Bürgerlich-Demokratischen Partei (ODS), der Bürgerlich-Demokratischen Allianz (ODA) und der Vereinigung Christdemokraten-Volkspartei (KDU-CSL) wegen „mangelnder Kooperation" immer wieder Minister aus, was die fachliche Stabilität des tschechischen Systems beeinträchtigte. Auch wurde über drei Jahre (1992–1995) die in der Verfassung verankerte zweite Kammer, der Senat, nicht eingerichtet, weil Premierminister Klaus Machteinbußen befürchtete. Erst seit 1995 ist der Senat realer Bestandteil der Institutionen. Diesem *Senat* und dem *Abgeordnetenhaus* obliegt nach der Verfassung vom Dezember 1992 (mit Änderungen von 1995) die gesetzgebende Gewalt. Die *Regierung*, die der Präsident ernennt und entläßt, benötigt bei ihrer Einsetzung das Vertrauen des Abgeordnetenhauses; dieses kann vom Präsidenten aufgelöst werden, wenn es der Regierung, deren Vorsitzender vom Präsidenten auf Antrag des Vorsitzenden des Abgeordnetenhauses ernannt wurde, nicht sein Vertrauen ausspricht. Der Präsident, der vom Parlament auf einer gemeinsamen Sitzung beider Kammern gewählt wird, hat das Recht, ein Gesetz (soweit es sich nicht um ein Verfassungsgesetz handelt) dem Abgeordnetenhaus zurückzureichen, das ein solches Veto mit den Stimmen der Mehrheit der Abgeordneten zurückweisen kann. Er ernennt u. a. die Richter des Verfassungsgerichts, die Vorsitzenden des Obersten Gerichts, die Mitglieder des Bankrates der Tschechischen Nationalbank und schließt internationale Verträge ab. Insgesamt kommt damit dem Präsidenten eine beachtliche (und für ein parlamentarisches System ungewöhnlich starke) Machtposition zu.

Die ersten Parlamentswahlen nach Inkrafttreten der tschechischen Verfassung, die Wahlen vom Juni 1996, endeten mit einer Überraschung. Die Regierungskoalition unter Václav Klaus verlor die absolute Mehrheit im Parlament. Sie blieb gleichwohl im Amt bis zu jenem offenen Machtkampf zwischen Premierminister Klaus und Präsident Václav Havel, der 1997 in der scharfen Kritik Havels gipfelte, Respekt vor Moral und Gesetz sowie das Vertrauen zur politischen Führung seien verlorengegangen, und der im Dezember 1997 mit dem Rücktritt der Regierung Klaus endete. Aus den vorgezogenen Parlamentswahlen vom Juni 1998 ging die Tschechische Sozialdemokratische Partei (ČSSD) als stärkste Kraft hervor, erreichte aber kaum mehr als ein Drittel der Sitze im Abgeordnetenhaus. Man einigte sich schließlich auf eine Minderheitsregierung unter der Führung des Ministerpräsidenten Miloš Zeman, der in seiner Regierungserklärung vom August 1998 betonte, sein Kabinett folge der Vision einer modernen, solidarischen und lernenden Gesellschaft, deren Bürger aktiv an der Gestaltung ihres Gemeinwesens mitarbeiten. Die Regierungserklärung deutet auf günstige Voraussetzungen für eine demokratische Konsolidierung hin; die anfänglichen Strukturdefekte (vor allem die hinausgezögerte Einrichtung des Senats) sind behoben.

Der kleinere Teilstaat des ehemaligen tschechoslowakischen Staatsverbandes, die *Slowakische Republik*, entstand am 1. Januar 1993. Schon im September 1992 hatte das slowakische Parlament eine eigene Verfassung verabschiedet, die ein parlamentarisches System in die Wege leitete. Nach dieser Verfassung ist der *Nationalrat* das alleinige gesetzgebende Organ. Zu seiner Zuständigkeit gehört es, durch Gesetz Ministerien und sonstige Organe der Staatsverwaltung zu gründen sowie die Richter und Vorsitzenden des Obersten Gerichts und die Vorsitzenden des Obersten Kontrollamts per Wahl zu bestimmen. Die *Regierung*, die wie ihr Vorsitzender (so die offizielle Bezeichnung des Ministerpräsidenten) von dem in unmittelbarer Volkswahl gewählten *Präsidenten* ernannt und abberufen wird, ist für die Ausübung ihrer Funktion dem Nationalrat verantwortlich; sie ist verpflichtet, nach ihrer Ernennung dem Nationalrat ihr Programm vorzulegen und ihn um das Vertrauensvotum zu ersuchen, und sie kann durch ein Mißtrauensvotum, das die einfache Mehrheit der Parlamentsstimmen benötigt, abberufen werden. Darüber hinaus vermag der Nationalrat auch einem einzelnen Regierungsmitglied sein Mißtrauen auszusprechen. In einem solchen Fall wird das Regierungsmitglied vom Präsidenten abberufen. Und schließlich kann der Nationalrat den Präsidenten, dem das Recht zukommt, an den Sitzungen der Regierung teilzunehmen und dort den Vorsitz zu führen, wegen Hochverrats anklagen; über die Anklage entscheidet das Verfassungsgericht. Insgesamt kommt dem Parlament im Institutionengefüge die größte Machtfülle zu.

Noch ein Blick auf die slowakische Regierungssituation: Die rechtsautoritäre Bewegung für eine Demokratische Slowakei (HZDS) bildete nach den Wahlen vom September/Oktober 1994 eine Koalitionsregierung mit der Slowakischen Arbeitervereinigung (ZRS) und der Slowakischen Nationalpartei (SNS) unter Ministerpräsident Vladimir Mečiar, dessen Regierung wegen ihres mangelhaften Demokratieverständnisses mehrfach nicht nur seitens der Europäischen Union, sondern auch seitens des slowakischen Präsidenten Michal Kováč kritisiert wurde. Mečiar blieb Ministerpräsident trotz scharfer Kritik und übernahm, nachdem Präsident Kováč im Februar 1998 aus dem Amt geschieden war und es dem Parlament in zwei Wahlrunden nicht gelang, sich auf einen Nachfolger zu einigen, gemäß der Verfassung auch die Kompetenzen des slowakischen Präsidenten. Erst die Parlamentswahlen vom September 1998 setzten der Ära Mečiar ein Ende. Mikulas Dzurinda, Vorsitzender der Slowakischen Demokratischen Koalition (SDK), wurde neuer Ministerpräsident. Seine Koalitionsregierung hat sich erfolgreich darum bemüht, die destabilisierenden Auswirkungen der Politik Mečiars auf die slowakische Demokratie zu überwinden – die eines Ministerpräsidenten, dessen Rückkehr in die Politik bei den Präsidentschaftswahlen vom Mai 1999 scheiterte. Zum neuen Präsidenten wurde der Vorsitzende der Partei der Bürgerverständigung (SOP) Rudolf Schuster als Vertreter der Regierungskoalition gewählt.

Rumänien und die Republik Bulgarien

Die Darstellung der postkommunistischen Systeme Ostmitteleuropas hat am Beispiel Ungarns, Polens sowie der Tschechischen und der Slowakischen Republik gezeigt, daß sich in dieser Region Demokratien herausgebildet haben, die zwar (was
vor allem die Slowakei betrifft) vor temporären Rückschlägen
nicht sicher sind, die jedoch prinzipiell die Erwartung einer
demokratischen Konsolidierung erfüllen dürften. Dies läßt sich
für die osteuropäischen Systeme *Rumäniens* und *Bulgariens*
nicht oder zumindest nicht im selben Maße sagen[11]. Im Prozeß
der Transformation haben sich in den beiden Randstaaten des
postkommunistischen Osteuropas zahlreiche Probleme herausgebildet, die die Frage aufwerfen, ob Rumänien und Bulgarien noch zu jener Gruppe von Staaten zu zählen sind, in denen
mittelfristig die begonnenen Ansätze einer Demokratisierung
in dauerhafte demokratische Institutionen münden. Im Unterschied zu den ostmitteleuropäischen Staaten Ungarn und Polen, in denen die Verfassungen zwischen den alten Regimeeliten
und den neuen demokratischen Reformkräften am Runden
Tisch ausgehandelt wurden, begann in den beiden Ländern
Rumänien und Bulgarien der Übergang zur Demokratie durch
Reformer innerhalb der herrschenden Führungsschicht (durch
Reformkommunisten). Und auch die Gespräche mit der demokratischen Opposition wurden noch von den Reformern in der
Staatspartei in die Wege geleitet, so daß sowohl bei Rumänien
als auch bei Bulgarien von einer *Machtveränderung von oben*
gesprochen werden kann.

In *Rumänien* war nach dem Sturz Ceausescus der Rat der
Front zur Nationalen Rettung (FSN) entstanden, der sich als
souveränes Organ verstand. Die kommunistische Verfassung
wurde zwar nicht offiziell außer Kraft gesetzt; aber in einem
Dekret vom Dezember 1989 bezeichnete sich der Rat als einzi-
ger Machthaber mit allen legislativen und exekutiven Kompetenzen. Auch die Mitglieder eines verfassungsgebenden Ausschusses wurden von ihm berufen. Zwar bestimmten die
beiden Kammern des Parlaments, das 1990 nach dem Ver-

hältniswahlsystem gewählt wurde, einen gemeinsamen Redaktionsausschuß, der die neue Verfassung ausarbeiten sollte. Dieser orientierte sich jedoch weitgehend an den Bestimmungen, die bereits vor den Parlamentswahlen per Dekret des Rates und des von ihm eingesetzten verfassungsgebenden Ausschusses festgeschrieben wurden. Erst allmählich kam es zur Spaltung des aus unterschiedlichen Gruppen bestehenden reformkommunistischen Lagers. Die nichtkommunistische Opposition war wegen der kurzen Liberalisierungsphase äußerst schwach, so daß der Vorgang der Verfassungsgebung stärker durch die verschiedenen internen Positionen der Reformkommunisten als durch Meinungsverschiedenheiten zwischen den alten Regimeeliten und der nichtkommunistischen Opposition gekennzeichnet war. Die Reformkommunisten sahen – charakteristisch für eine solche Machtsituation – ihre Interessen am ehesten durch eine starke Präsidentschaft gewahrt. Folglich wurde ein parlamentarisch-präsidentielles System angestrebt.

Die Verfassung vom November 1991, die von in- und ausländischen Experten als demokratisch bezeichnet und durch eine Volksabstimmung angenommen wurde, hat sich in mehreren Punkten vom französischen Modell beeinflussen lassen, was vor allem an der starken Stellung des unmittelbar vom Volk auf vier Jahre gewählten *Präsidenten* zu erkennen ist. Der Präsident kann Dekrete erlassen; er bestimmt einen Kandidaten für das Amt des Premierministers nach Konsultation der Parlamentsfraktionen und ernennt die Regierung aufgrund des vom Parlament gewährten Vertrauensvotums. Die Regierung übt die Innen- und Außenpolitik des Landes in Absprache und Einigung mit dem Präsidenten aus. Dieser kann an Sitzungen der Regierung, in denen Fragen von nationalem Interesse erörtert werden, teilnehmen, in denen er dann den Vorsitz führt. Darüber hinaus verfügt der Präsident über das Recht, das Parlament aufzulösen und Neuwahlen anzusetzen, wenn beide Kammern: das *Abgeordnetenhaus* und der *Senat* (zwischen denen kaum Kompetenzunterschiede bestehen), ihr Vertrauensvotum für die Bildung der Regierung nicht innerhalb von 60 Tagen nach zweimaligem Ersuchen abgeben. Und er kann nach

Konsultation des Parlaments (in bezug auf Fragen von nationalem Interesse) ein Referendum einleiten. Damit kommen dem rumänischen Präsidenten umfangreiche Vorrechte zu, während andererseits – kennzeichnend für ein parlamentarisch-präsidentielles System – die Befugnis des *Parlaments*, den Präsidenten zur Verantwortung zu ziehen, nur schwach ausgeprägt ist. Mit der Mehrheit der Stimmen der Abgeordneten und Senatoren und nach Konsultation des Verfassungsgerichtshofes kann der Präsident wegen Verletzung der Verfassung seines Amtes enthoben werden.

Aus den ersten Wahlen nach Inkrafttreten der rumänischen Verfassung vom November 1991, aus den Wahlen vom September 1992, ging der mittlerweile in Demokratische Front zur Nationalen Rettung umbenannte Iliescu-Flügel der Front zur Nationalen Rettung als stärkste Partei hervor, die eine Regierung von Experten als williges Exekutivorgan stellte. Die Front, die sich 1993 den Namen Partei der Sozialen Demokratie (PDSR) gab, entwickelte sich in diesen Jahren zur Klientelorganisation der ehemaligen Kader des kommunistischen Regimes. Erst im Herbst 1996 wurden die Ex-Kommunisten um Staatspräsident Ion Iliescu abgewählt. Die Wahlen vom November 1996 gewann die Demokratische Konvention (CDR), ein Bündnis aus zwölf Parteien und Organisationen. Die wichtigsten Parteien waren die Christdemokratische Nationale Bauernpartei (PNTCD) und mehrere liberale Parteien. Mit diesem Regierungswechsel und mit der 1996 gegründeten Sozialdemokratischen Union (USD), zu der vor allem die Demokratische Partei (PD) zählt, begann in Rumänien eine erste, sehr sporadische Demokratisierung. Nach einem christlich-demokratischen Interimskabinett besteht seit April 1998 eine Koalitionsregierung aus der Christdemokratischen Nationalen Bauernpartei (PNTCD) und der Demokratischen Partei (PD).

Ein ähnlich langsamer Transformationsprozeß wie in Rumänien vollzog sich in *Bulgarien*. Auch hier wurde ein großer Teil der kommunistischen Macht der Bulgarischen Sozialistischen Partei (BSP) über das Krisenjahr 1989 hinübergerettet;

und auch hier hat sich wie in Rumänien nur eine verhältnismäßig schwache Opposition herausbilden können, die für ein parlamentarisches System eintrat – im Gegensatz zur BSP, die eine starke Präsidentschaft (im Sinne eines parlamentarisch-präsidentiellen Systems) zu verwirklichen suchte. Angesichts dieses Kräfteverhältnisses wundert es nicht, daß das parlamentarische System Bulgariens relativ starke Kompetenzen des Ministerrats und des Präsidenten aufweist. Nach der *Verfassung*, die im Juli 1991 von der Großen Volksversammlung verabschiedet wurde, besteht das Parlament aus einer Kammer, der *Volksversammlung*, die den Ministerpräsidenten und auf dessen Vorschlag den Ministerrat wählt und entläßt. Einem Mißtrauensvotum gegen den Ministerrat muß mehr als die Hälfte aller Abgeordneten zustimmen. Der *Ministerrat* leitet die Innen- und Außenpolitik und verfügt über das Recht der Gesetzesinitiative. Der auf fünf Jahre direkt vom Volk gewählte *Präsident* erläßt Dekrete, Aufrufe und Botschaften und kann ein Gesetz an die Volksversammlung zur erneuten Erörterung zurückverweisen, die danach das Gesetz nur mit der Mehrheit aller Abgeordneten zu verabschieden vermag. Schließlich besteht bei Hochverrat und Verletzung der Verfassung die Möglichkeit einer Amtsenthebung des Präsidenten, wenn mehr als zwei Drittel der Abgeordneten dafür stimmen und das Verfassungsgericht die Anschuldigungen bestätigt.

Die bulgarische Parteien- und Regierungsszene gleicht weitgehend der Rumäniens. Nach der „Expertenregierung" unter Ljuben Berow (seit Dezember 1993) und einer geschäftsführenden Regierung unter Reneta Indshowa (seit September 1994) kehrte nach den Parlamentswahlen vom Dezember 1994 die KP-Nachfolgepartei, die Bulgarische Sozialistische Partei (BSP), mit großer Mehrheit an die Macht zurück. Erst die Präsidentschaftswahlen vom November 1996 offenbarten den Vertrauensverlust der BSP in der Bevölkerung. Die oppositionelle Union Demokratischer Kräfte (SDS) stellt den neuen Staatspräsidenten und nach den vorgezogenen Parlamentswahlen vom April 1997 auch den heutigen Ministerpräsidenten. Erst acht Jahre nach der Umwälzung von 1989 haben die ehemaligen Kommunisten auch im Parteiengefüge Bulgariens ihre Macht verloren.

Insgesamt läßt sich sagen, daß das parlamentarisch-präsidentielle System Rumäniens und das parlamentarische System Bulgariens mit seiner relativ starken Exekutive aus dem erwähnten langsamen Transformationsprozeß heraus zu verstehen sind. Für den Rückstand Rumäniens und Bulgariens im Vergleich zu Polen oder Ungarn zeichnet die innenpolitische Lage der Länder verantwortlich, die wiederum auf das historische Erbe zurückzuführen ist. Als 1989 der Kommunismus zusammenbrach, waren weder Rumänien unter dem Ceausescu-Regime noch Bulgarien unter dem Schiwkow-Regime auf eine demokratische Transition vorbereitet. Es fehlten Erfahrungen, wie sie die Polen mit der Solidarność und die Tschechen und Slowaken mit dem Prager Frühling gemacht hatten. Erst nach dem Sturz der kommunistischen Regime entstanden neue Parteien. Deshalb weisen die politischen Systeme der beiden postkommunistischen Staaten vorrangig von den alten Regimeeliten gelenkte Transitionen auf, die noch kein abgewogenes Urteil über die Chancen einer Demokratisierung erlauben.

Die Russische Föderation

Nachdem in der Sowjetunion die *Perestroika* eine der größten Demokratisierungswellen im 20. Jahrhundert ausgelöst hatte – die schließlich auch zur Auflösung der UdSSR führte –, war die Zuversicht verbreitet, die Russische Föderation werde sich rasch zu einem demokratischen Rechtsstaat entwickeln[12]. Diese Erwartung erfüllte sich nicht. Die politischen Führungsgruppen, die sich vorrangig mit dem Erhalt und der Erweiterung ihrer eigenen Machtstellung befaßten, konnten sich nicht über das neue politische System verständigen. Erst nach lange währenden Richtungsdebatten ließ sich die darauf folgende Verfassungskrise beilegen. Im September 1993 löste Präsident Boris Jelzin den Volksdeputiertenkongreß der Russischen Föderation auf und ordnete zum Dezember Parlamentswahlen und ein Referendum über den Entwurf einer neuen Verfassung an. Mit deren Ergebnissen begann die neue Etappe in der Entwicklung des postsowjetischen Rußlands. Die Verfassung trat am 25. Dezember 1993 in Kraft.

Nach dieser Verfassung, die ein *präsidentiell-parlamentarisches System* konstituiert – ein System, das sich von der Typologie her mehr als das parlamentarisch-präsidentielle dem Präsidialsystem annähert –, hat der direkt vom Volk für vier Jahre gewählte *Präsident* eine überragende Machtposition inne. Als Garant der Verfassung und unbestrittener Staatschef bestimmt er die Hauptrichtung der Innen- und Außenpolitik. Er kann im legislativen Bereich Gesetzentwürfe in der Staatsduma einbringen und hat gegenüber den Bundesgesetzen ein suspensives Veto, das nur mit einer Zweidrittelmehrheit in beiden Kammern der Bundesversammlung zurückgewiesen werden kann. Vor allem aber kommt dem Präsidenten eine bedeutsame Dekretmacht zu: das Recht, Dekrete und Verfügungen zu erlassen, die den Charakter von Bundesgesetzen besitzen. Dem starken Staatschef steht ein verhältnismäßig schwaches Parlament gegenüber: die *Bundesversammlung* mit der *Staatsduma* und dem *Föderationsrat* – ein Parlament, dem neben der Gesetzgebung wenige weitere Kompetenzen zukommen. So ernennt die Staatsduma die vom Präsidenten vorgeschlagenen Vorsitzenden der Zentralbank und des Rechnungshofes, und so ernennt der Föderationsrat auf Vorschlag des Präsidenten den Generalstaatsanwalt und die Richter der höchsten Gerichte (des Obersten Gerichts, des Verfassungsgerichts und des Obersten Arbitragegerichts).

Im exekutiven Bereich braucht der russische Präsident für die Ernennung des *Regierungschefs* die Zustimmung der Staatsduma. Diese Kompetenz der Kammer wird allerdings erheblich dadurch begrenzt, daß nach dreimaliger Ablehnung der vorgeschlagenen Kandidaten durch die Staatsduma der Präsident den Ministerpräsidenten in eigener Vollmacht ernennt, die Staatsduma auflöst und Neuwahlen anberaumt (ein weitreichender Eingriff, auf den es die Staatsduma im allgemeinen kaum ankommen lassen wird). Wie im Falle der Bestätigung des Ministerpräsidenten ist das Recht der Staatsduma, der *Regierung* das Mißtrauen auszusprechen, beträchtlich eingeschränkt, weil es dem Präsidenten freisteht, die Regierung zu entlassen, und weil er – falls die Staatsduma innerhalb von drei Monaten der Regierung erneut das Mißtrauen ausspricht – über die Wahlmöglichkeit verfügt, die Regierung zu verabschieden oder die Staatsduma aufzulösen. Die gleiche Machtposition kommt dem Präsidenten zu, wenn der Ministerpräsident vor der Staatsduma die Vertrauensfrage für die Regierung stellt: Verweigert die Duma das Vertrauen, so entscheidet der Präsident innerhalb von sieben Tagen über den Rücktritt der Regierung oder über die Auflösung der Staatsduma und die Anberaumung von Neuwahlen. Keinen Einfluß besitzt die Staatsduma auf die Bestellung der *Bundesminister*, die der Präsident auf Vorschlag des Regierungschefs ernennt und entläßt. Vergleicht man die Machtbefugnisse von Exekutive und Legislative, so läßt sich feststellen, daß dem Präsidenten in mehreren Fällen die Kompetenz zukommt, die Staatsduma aufzulösen, während die Position des Präsidenten für die Duma fast unantastbar ist. Zwar sieht die russische Verfassung eine Amtsenthebung des Präsidenten vor; ein solches *Impeachment*-Verfahren ist jedoch kaum erfolgreich durchführbar, weil es einer Zweidrittelmehrheit der anklagenden Staatsduma und des über die Amtsenthebung beschließenden Föderationsrates bedarf, nachdem das Oberste Gericht den Tatbestand des Hochverrats oder einer anderen schweren Straftat festgestellt hat.

Neben den Entscheidungs- und Machtbefugnissen im russischen Verfassungsrecht muß die *Verfassungswirklichkeit* betrachtet werden, um festzustellen, inwieweit sich die Russische Föderation unter den schweren ökonomischen Bedingungen, aber auch angesichts der extensiven Machtpolitik des Präsidenten demokratisieren bzw. stabilisieren konnte. Hier zeigen sich ernsthafte Probleme. Die Finanz- und Staatskrise, die von den Kommunisten weitgehend dominierte Staatsduma und die sozialen Spannungen in der russischen Bevölkerung bilden nur einige Konstellationen, die von existentieller Bedeutung für das russische System sind. Nicht nur der schwierige gleichzeitige Systemwechsel zur Demokratie und zur Marktwirtschaft zeichnet dafür verantwortlich, daß sich in der Russischen Föderation ein neuer Autoritarismus und eine organisierte Kriminalität herausgebildet haben. Neben dem Hinweis auf die russischen Mafia-Gruppierungen deutet der auf die Nomenklaturdemokratie die Tatsache an, daß in den neuen (demokratischen) Institutionen zahlreiche Mitglieder der alten Nomenklaturaschicht vorherrschen, die primär auf ihre eigenen Interessen (mit welchen Mitteln auch immer) bedacht sind. Hinzu kommt eine Entwicklung, die zwischen demokratischer Zielsetzung und *Resowjetisierung* anzusiedeln ist und für die sich die Bezeichnung „Ukaskratie" herausgebildet hat. Der Begriff weist auf die Regierungspraxis durch Dekrete (*Ukase*) eines Präsidenten hin, der zudem seine Macht nicht nur mit Verfassungsinstrumenten abzusichern versteht, sondern auch mittels paralleler Strukturen. Die *Präsidialadministration* bildet zunehmend – unter Umgehung des Parlaments – eine Ersatzregierung[13]. Diese Präsidialadministration besteht *neben* den Ministerien und dem Ministerpräsidenten und bedeutet damit eine Doppelung von Ämtern und Funktionen: eine Erscheinung, die an das ehemalige Zentralkomitee der Kommunistischen Partei erinnert. Ein weiteres Anzeichen für eine Resowjetisierung des politischen Systems zeigt sich in der zentralen Funktion des (nach der Verfassung) vom Präsidenten gebildeten und geleiteten *Sicherheitsrates*, dessen langjähriger stellvertretender Sekretär Boris Beresowskij einer mit Regierung und Präsidialapparat eng verflochtenen Gruppe einflußreicher Bankiers und Großindustrieller angehörte. Den Sicherheitsrat, der als ein Beratungsorgan entworfen wurde, entwickelte der Präsident zu einem machtvollen, mit dem früheren sowjetischen Politbüro vergleichbaren Gremium. Er symbolisiert die Entscheidungsverlagerung von den demokratischen Instanzen auf jene „Strukturen der Macht", die neben der Präsidialadministration die Gewalten- bzw. Schlüsselministerien der Verteidigung, des Inneren und des Äußeren sowie die Geheimdienste umfassen. Die Schlüsselministerien hatte der Präsident bereits 1992 aus der Regierung herausgelöst und seiner direkten Weisung unterstellt.

Überblickt man die kurz angedeutete Verfassungswirklichkeit und das einen „Superpräsidentialismus" verankernde Verfassungsrecht, so zeigt sich, daß – im Vergleich mit der Machtposition des französischen Staatspräsidenten (in Zeiten ohne *Cohabitation*) und derjenigen des US-amerikanischen Präsidenten – die Machtposition des russischen am stärksten ausgeprägt ist. Der russische Präsident steht bereits nach der Verfassung über den drei Gewalten, und seine Präsidialadministration ist praktisch jeglicher demokratischen Kontrolle entzogen. In Anbetracht der äußerst schwierigen wirtschaftlichen und politischen Lage der Russischen Föderation muß eine starke Präsidentschaft an sich noch nicht demokratiegefährdend sein. Andererseits laden die umfangreichen Kompetenzen den Präsidenten gleichsam zum Mißbrauch der Macht ein. Diese kann – wenn nicht Jelzin, so einem Nachfolger – Möglichkeiten zur Beseitigung der demokratischen Institutionen und Verfahren eröffnen.

Die GUS-Republiken Georgien und Kasachstan

Die hier zusammengefaßten beiden postkommunistischen Länder stehen exemplarisch für die transkaukasischen und zentralasiatischen GUS-Staaten, die im Grunde kein homogenes Untersuchungsobjekt darstellen. Es ließen sich angesichts der erheblichen geschichtlich bedingten Unterschiede berechtigte Gegenargumente vorbringen, Georgien im Zusammenhang mit Kasachstan zu behandeln. Was aber den schwierigen Charakter der Transformation anbelangt – die Probleme von Reform und Demokratisierung –, so zeigen sich in Georgien und Kasachstan auch Gemeinsamkeiten: Durchgesetzt haben sich in beiden Ländern präsidentielle Systeme, wenngleich mit unterschiedlicher präsidialer Machtfülle. In Georgien, wo es 1991 zum gewaltsamen Machtwechsel in der Republikführung kam, entstand eine relativ gemäßigte Präsidialdemokratie. Dagegen hat sich in Kasachstan, dem nach Rußland zweitgrößten Staat der GUS, ein autoritäres Präsidialregime herausgebildet, das durch die neue Verfassung von 1995 eine zusätzliche Verstärkung erfuhr.

In *Georgien* fiel die Verabschiedung der neuen Verfassung vom August 1995 mit dem Attentat auf den Präsidenten Eduard Schewardnadze zusammen. Dieser schaltete darauf seinen politischen Konkurrenten Dschaba Joseliani sowie dessen paramilitärische Organisation der *Mchedrioni* aus und wurde bei den Wahlen vom November 1995 mit großer Mehrheit erneut zum Staatspräsidenten gewählt. Schewardnadze hat damit ein Amt inne, das mit umfangreichen Vollmachten ausgestattet ist. Der direkt vom Volk für fünf Jahre gewählte *Präsident* bestimmt die Innen- und Außenpolitik. Er schließt internationale Verträge und Abkommen ab, ernennt mit Zustimmung des Parlaments die Mitglieder der Regierung und verfügt über das Recht der Gesetzesinitiative – auch in Form von Anordnungen und Erlassen. Im Falle der Verletzung der Verfassung, der Begehung von Hochverrat oder eines anderen Verbrechens kann das Parlament mit zwei Dritteln der Mitglieder im Wege eines *Impeachment*-Verfahrens den Präsidenten seines Amtes entheben, wenn nach Ansicht des Verfassungsgerichts bzw. des Obersten Gerichts die Handlungen des Präsidenten die Merkmale des ihm zur Last gelegten Straftatbestandes aufweisen. Gemessen an der starken Stellung des Präsidenten sind die Befugnisse des *Parlaments* verhältnismäßig schwach ausgeprägt. Es besteht zukünftig aus zwei Kammern: dem Rat der Republik, der nach dem Verhältniswahlsystem gewählt wird, und dem Senat, dessen Mitglieder in Abchasien, in Adscharien und in den anderen territorialen Einheiten Georgiens nach dem Mehrheitswahlsystem gewählt werden; hinzu kommen fünf Senatoren, die der Präsident ernennt. Über die Gesetzesinitiative und die Befugnis, Komitees zur Entscheidungsfindung und zur Kontrolle der Regierungstätigkeit sowie Untersuchungsausschüsse einzurichten, hinaus kommen dem georgischen Parlament kaum Befugnisse zu. Die Mitglieder der *Regierung* sind – wie in präsidentiellen Systemen üblich – nicht dem Parlament, sondern dem Präsidenten verantwortlich.

In *Kasachstan* löste Präsident Nursultan A. Nasarbajew 1993 den Obersten Sowjet auf, der sich als unfähig erwies, die wirtschaftlichen Schwierigkeiten zu beheben[14]. Nachdem ihm ein Referendum ermöglichte, seine Amtsperiode bis zum Jahre 2000 zu verlängern, setzte er per Dekret eine Expertenkommission zur Vorbereitung der neuen Verfassung ein, deren Entwurf im August 1995 durch eine Volksabstimmung angenommen wurde. Diese Verfassung begründet ein präsidentielles System mit einer starken Präsidentschaft. Das Schwergewicht der Kompetenzen des unmittelbar vom Volk auf fünf Jahre gewählten *Präsidenten* liegt dem präsidentiellen System entsprechend im Bereich der Exekutive, doch auch in der Gesetzgebung kommt dem Präsidenten eine das Parlament letztlich überragende Stellung zu. Was die Exekutive betrifft, so bestimmt der Präsident die Hauptrichtung der Innen- und Außenpolitik, womit er die spezifische Regierungsfunktion wahrnimmt. Der Präsident ernennt mit Zustimmung des Parlaments den *Premierminister* und bestimmt auf dessen Vorschlag das Kabinett, dessen Vorsitz er in besonders wichtigen Angelegenheiten führt. Wann dies der Fall ist, bestimmt er aufgrund seiner politischen Richtliniengewalt. Des weiteren ist der Präsident berechtigt, die von der Regierung erlassenen Akte entweder vollständig oder teilweise aufzuheben. Was die Legislative anbelangt, so hat der Präsident das Recht der Gesetzesinitiative (wobei die Regierung nur eine formale Durchgangsstation seiner Vorlagen darstellt). Darüber hinaus kann er ein suspensives Veto gegenüber den Gesetzesbeschlüssen des Parlaments einlegen, das nur mit einer Zweidrittelmehrheit der Abgeordneten beider Parlamentskammern zurückgewiesen werden kann. Ähnlich dem russischen Präsidenten verfügt der kasachische Präsident über das Recht, das Parlament aufzulösen, wenn es sich zweimal geweigert hat, seine Zustimmung zur Ernennung des Premierministers zu geben. Dieser Machtfülle des Präsidenten steht ein verfassungsrechtlich schwaches *Parlament* gegenüber. Es besteht aus zwei Kammern: dem *Senat* mit 47 Mitgliedern und dem *Abgeordnetenhaus (Mažilis)* mit 67 Mitgliedern – eine äußerst geringe Anzahl im Verhältnis zu der gewaltigen territorialen Ausdehnung Kasachstans und seiner hohen Bevölkerungszahl. Die schwache Besetzung und vor allem die spärlichen Kompetenzen der Kammer spiegeln nochmals die starke Machtposition des Präsidenten. Diese erweist sich in der Tat als notwendig, wenn die Einheit Kasachstans mit seiner ethnischen Zweiteilung und seinem Gegensatz zwischen dem russischen Norden und dem kasachischen Zentrum und Süden bewahrt bleiben soll.

Exkurs: Die Volksrepublik China

Es mag verwundern, daß in einen Abschnitt über die postkommunistischen Transformationssysteme Ostmittel- und Osteuropas sowie der Nachfolgestaaten der vormaligen Sowjetunion das kommunistische System der VR China einbezogen wird, bei dem die hier herausgestellte Frage nach dem Prozeß der Demokratisierung unangemessen erscheint[15]. Zweifellos ist der politische Sektor des chinesischen Systems von der Monopolstellung der Kommunistischen Partei (KPCh) bestimmt, die zwar seit Deng Xiaoping und unter dem heutigen Staats- und Parteichef Jiang Zemin pragmatische Politik- und Entwicklungsvorstellungen vertritt, aber einen deutlich anderen – autokratischen – Kurs verfolgt als die zuvor dargestellten postkommunistischen Regime. Gleichwohl müssen bei der Betrachtung des politischen Systems der VR China die beachtlichen ökonomischen Erfolge einer Modernisierungspolitik herausgestellt werden, die sich nicht nur in der Leistungsbilanz des Landes und in der Sozialstruktur niederschlägt, sondern auch zu einem Transformationsdruck führt, der auf den politischen Sektor einwirkt. Ein politisches System kann kaum stabil bleiben, wenn es ihm nicht gelingt, ökonomisch-gesellschaftliche Veränderungen mit politischen zu verbinden. So wird mutmaßlich auch die VR China mittelfristig ihr politisches System dem wirtschaftlichen (und gesellschaftlichen) Wandel anpassen müssen. Hierbei bestünde allerdings ein eindeutiger Unterschied zu den dargestellten postkommunistischen Systemen: Der evolutionäre Systemwandel der VR China, der sich auch im politischen Sektor andeutet, würde nicht auf einem wirtschaftlichen Zusammenbruch (bzw. auf einer wirtschaftlich desolaten Situation) gründen, sondern auf den Konsequenzen einer erfolgreichen ökonomischen Modernisierungspolitik seitens der KPCh.

Freilich zeigen sich bei der Betrachtung des chinesischen Partei- und Regierungssystems bisher kaum Veränderungen, die auf eine Transformation des politischen Systems der VR China schließen lassen. Nach der Ideologie dieses Systems steht die *Partei* nach wie vor über der Verfassung und über dem Volk. Der Verfassung kommt vorwiegend eine Ordnungsfunktion in bezug auf die Verfassungsorgane zu, deren formal höchstes das indirekt gewählte Parlament, der *Nationale Volkskongreß* (NVK), darstellt. Aufgrund seiner Größe (rund 3000 Abgeordnete, die alle fünf Jahre von den Volksvertretungen der Provinzen, der autonomen Regionen und der Stadtbezirke sowie von der Volksbefreiungsarmee bestimmt werden) läßt sich der NVK nicht als ein wirkliches Gesetzgebungsorgan bezeichnen. Es bedarf deshalb eines Ersatzparlaments in Gestalt des *Ständigen Ausschusses* des Nationalen Volkskongresses, der nur 150 Mitglieder umfaßt, alle zwei Monate tagt und die meisten Gesetze verabschiedet. Die Spitze im chinesischen Staatsaufbau bilden der *Staatspräsident* (seit 1993 Jiang Zemin, der seit 1989 auch das politisch bedeutsame Amt des Generalsekretärs der KPCh innehat) sowie der *Ministerpräsident* und die *Minister* in der Zentralregierung: dem *Staatsrat*, der rund 50 Mitglieder umfaßt. Das „Kabinett" bildet die *Ständige Konferenz* des Staatsrates mit 15 Mitgliedern, die von der KPCh benannt werden.

Dieser Kommunistischen Partei Chinas kommt nach dem Parteistatut die Führungsrolle in Staat und Gesellschaft zu. Ihr Organisationsprinzip ist der *Demokratische Zentralismus*, nach dem alle Parteiorgane den Entscheidungen des Zentralkomitees (ZK) unterstellt sind. Das *Zentralkomitee* der Partei (mit 193 stimmberechtigten Mitgliedern und 151 nichtstimmberechtigten Kandidaten) stellt das zentrale Repräsentativorgan der maßgeblichen innerparteilichen Gruppen dar. Es tagt einmal im Jahr und entscheidet u. a. über die personelle Struktur der Spitzenpositionen in Partei und Staat sowie über politische und wirtschaftliche Leitprinzipien. Dem ZK übergeordnet ist das höchste Entscheidungs- und Führungsorgan der KPCh: das *ZK-Politbüro* (mit rund 20 Mitgliedern). Das Politbüro fällt alle bedeutsamen Entscheidungen tagespolitischer Art; seinen Führungskern bildet der *Ständige Ausschuß*, dem der KP-Generalsekretär vorsteht. Dieser leitet auch das *ZK-Sekretariat*: das höchste Parteiorgan.

Die Darstellung des politischen Sektors der VR China ermangelte eines wesentlichen Bestandteils, wenn nicht der *Danwei-Bereich* berücksichtigt würde. So besteht neben bzw. unter der aufgezeigten „Transdanwei-Pseudodemokratie" des Partei- und Regierungssystems die Danwei-Demokratie, die Partizipationsmöglichkeiten bietet. Die Danwei bildet jene Grundeinheit (so die wörtliche Übersetzung), die in allen Einzelheiten das Leben der Mitglieder bestimmt[16], ob im Dorf oder in der nach Nachbarschaften durchparzellierten Fünfzehnmillionen-Stadt Shanghai. Vom Danwei- zum Transdanwei-Bereich bestehen mehrere Übergänge, deren wichtigste die danwei-demokratisch gegliederten Massenorganisationen (wie die Gewerkschaften, die Frauen- und Jugendverbände) bilden – zweifelsohne unter Kontrolle der KPCh. Davon abgesehen erweist sich hierbei der Konfuzianismus bzw. der *Metakonfuzianismus* als bedeutsam, der den Danwei- mit dem Transdanwei-Bereich durch den Grundsatz der Gemeinschaftsbezogenheit des einzelnen verbindet: in einer aufeinanderfolgenden Einheit von der Familie über die Nachbarschaft zur Region und schließlich zur Nation. Überhaupt spielt der Metakonfuzianismus eine bedeutsame Rolle im chinesischen Alltag. Vom Begriff der Gemeinschaftsbezogenheit ausgehend, steht nicht das *Ich*, sondern das *Wir* (in der Familie oder in der Danwei) im Vordergrund. Nicht der Wettbewerb (wie im Transdanwei-Bereich), sondern die harmonische Zusammenarbeit, und nicht die Konfliktbereitschaft, sondern die Konsensbildung unter den Danwei-Angehörigen werden betont. Vorherrschend sind Orientierungswerte der hierarchiegerechten Verhaltensweise sowie der Primat der persönlichen *Guanxi* im Sinne von Seilschaftstreue. So müssen denn auch Politiker, die im Transdanwei-Bereich Erfolg verbuchen wollen, über ein *Guanxi*-Netz verfügen. Ein solches Netz zeichnet dafür verantwortlich, daß sich Personalkartelle an den Hebeln der Macht befinden – an denen des chinesischen Partei- und Regierungssystems.

Damit ist die Darstellung erneut an einen Punkt gelangt, an dem sich die Frage erhebt, inwieweit im Transdanwei-Bereich eine politische Erneuerung möglich erscheint. In vielen Fällen hat die Beijinger Machtzentrale mit ihrer Parteikontrolle über den Militär- und Sicherheitsapparat offenen Revolten vorgebeugt: durch eine Verbindung von wirtschaftlichen Konzessionen (wie bei der Arbeiterschaft in Staatsbetrieben) und harter Unterdrückung (wie bei der organisierten politischen Opposition). Doch wenn auch das kommunistische Regime grundsätzlich gefestigt erscheint, so dürfte sich gleichwohl – auch unter dem Einfluß Hongkongs – die Tendenz zu einer regionalisierten Herrschaftsorganisation vor allem innerhalb der wohlhabenden Küstenprovinzen fortsetzen. Dort könnte sich mittel- oder langfristig ein Demokratisierungsprozeß (auf der Grundlage demokratisch-zentralistischer und metakonfuzianistischer Prinzipien) anbahnen, der sich vom westlichen Modell dadurch unterscheiden würde, daß nicht das Individuum, sondern die Gruppe die Volksherrschaft verkörpert und die Eindämmung des Machtmißbrauchs von oben als höher erachtet wird als die Mitbestimmung von unten.

V. Die postautoritären Entwicklungsgesellschaften

Die politischen Systeme in Südamerika

Die nachfolgenden Kapitel befassen sich mit jenen post-autoritären Entwicklungsgesellschaften in Südamerika und Ostasien, die – ähnlich den postkommunistischen Gesellschaften (mit ihrem gleichzeitigen sozialökonomischen Strukturwandel) – einen Systemwechsel aufweisen, der sich in Südamerika, um das es hier zunächst geht, im wesentlichen nur auf die politisch-institutionelle Ebene konzentrierte. Gleichwohl stellen sich bei den südamerikanischen Transitionen dieselben bzw. ähnliche Fragen wie bei den postkommunistischen Ländern: die Frage nach den Typen des Systemwechsels, die Frage nach dem Einfluß der Art und Weise der Transformation auf die Bildung von Institutionen, die Frage nach den Typen von politischen Systemen und die Frage nach der Legitimität der demokratischen Verfassungen. Dabei läßt sich feststellen, daß sich auf dem gesamten lateinamerikanischen Subkontinent ausschließlich präsidentielle Systeme durchsetzten, während sich in Ostasien (wie in Ostmittel- und Osteuropa) kein vergleichbar einheitliches Muster erkennen läßt.

So zeigt sich in Südamerika der aus den USA „importierte" Präsidentialismus, der der lateinamerikanischen politischen Kultur (Klientelismus und Personalisierung der politischen Funktionen) am meisten entspricht[17]. Das gilt für die Anden-Staaten: für das chilenische politische System, das wie das bolivianische aus einem ausgehandelten Systemwechsel hervorging und dessen Verfassung (1990) durch einen Parteienkompromiß entstand und per Referendum angenommen wurde (während die bolivianische Verfassung von 1994 durch ein demokratisch gewähltes Parlament zustande kam); und das trifft für das peruanische System zu, das sich in einer von den alten Regimeeliten gelenkten Transition herausbildete und dessen Verfassung (1994) vom Verfassungsgebenden Demokratischen Kongreß ausgearbeitet und durch ein Referendum angenommen wurde. Einen ganz ähnlichen Weg der Verfassungsgebung wählten die beiden bedeutendsten südamerikanischen Schwellenländer: Argentinien, dessen Systemwechsel durch einen Kollaps erfolgte und dessen Verfassung (1994) durch eine demokratisch gewählte verfassungsgebende Versammlung zustande kam, und Brasilien, dessen Transition von den alten Regimeeliten gelenkt und dessen Verfassung (1988) vom Verfassungsgebenden Kongreß erarbeitet und durch ein Referendum angenommen wurde. In diesen präsidentiellen Systemen besteht vielfach noch eine Machtteilung zwischen den zivilen Führungsschichten und dem Militär unterhalb der Institutionen des politischen Systems. In Chile z.B. unterstand das Militär bis 1998 nicht der zivilen Kontrolle; und in Argentinien verfügt das Militär informell über einen bedeutsamen Einfluß.

Die Anden-Republiken Chile, Bolivien und Peru

Ein Blick auf politische Atlanten Lateinamerikas zeigt ein eindrucksvolles Phänomen: Während noch Mitte der siebziger Jahre neben Costa Rica und der Dominikanischen Republik nur Kolumbien und Venezuela liberale Demokratien aufwiesen, alle anderen Staaten aber – vom Rio Grande bis nach Feuerland – durch autoritäre Systeme in Form von Militärdiktaturen regiert wurden, kehrten in den achtziger Jahren die meisten Länder zu demokratisch legitimierten Regierungen zurück. Eine Redemokratisierung setzte ein (ein Prozeß, der begrifflich darauf hinweist, daß in den meisten lateinamerikanischen Ländern in der vorautoritären Phase bereits demokratische Systeme bestanden). In diesem Prozeß vollzog sich ein Systemwechsel, der in den neunziger Jahren zu einer unterschiedlich ausgeprägten demokratischen Konsolidierung (nach lateinamerikanischem Maßstab), aber auch zu gegenläufigen Tendenzen führte, wie sich vor allem am Beispiel Perus und (mit Einschränkung) an dem Chiles zeigt.

In *Chile*, das bis zum Militärputsch vom September 1973 als ein relativ stabiles politisches System galt, kam es während der Regierungszeit des Christdemokraten Eduardo Frei Montalva (1964–1970) zu politischen Gegensätzen, die auf unterschiedliche Einschätzungen der Wirtschaftsreformen zurückgingen. Die Präsidentschaftswahlen vom September 1970 gewann der Sozialist Salvador Allende – Führer eines Mitte-Links-Bündnisses, der *Unidad Popular*, die allerdings im Parlament keine Mehrheit besaß. Allende unternahm es deshalb, mit Dekreten zu regieren; und hierbei stieß vor allem das Unterfangen des chilenischen Weges zum Sozialismus auf massive Blockaden der Opposition, die – unter US-amerikanischer Einmischung (CIA-Maßnahmen) – zum Militärputsch führten.

Nach dem blutigen Putsch vom September 1973 übernahm General Augusto Pinochet für sechzehn Jahre die Macht. Die geltende Verfassung (von 1925) wurde außer Kraft gesetzt; an deren Stelle traten autoritäre Herrschaftsmethoden, die erst allmählich gemildert wurden. 1977 sprach Pinochet zwar von einer schrittweisen Redemokratisierung. Nach einer Volksabstimmung von 1980 kam es jedoch 1981 zu einer Verfassung, die dem Militär die alleinige Macht zubilligte. Die demokratische Opposition scheiterte 1983/84, als sie die Liberalisierungsmaßnahmen des Militärregimes demokratisch umzugestalten versuchte. So änderten sich die politischen Verhältnisse erst durch das Plebiszit vom Oktober 1988: Damals setzte Pinochet eine Volksabstimmung an, um seine Präsidentschaft für weitere acht Jahre absichern zu lassen. In diesem Referendum stimmten 54,7 Prozent der Chilenen gegen Pinochet. Dieses Abstimmungsergebnis war gleichbedeutend mit der Niederlage des autoritären Regimes. Bezeichnend war, daß die Militärs gleichwohl alles daran setzten, den Systemwechsel zur Demokratie bis zuletzt zu überwachen. Im Dezember 1989 fanden demokratische Wahlen statt. Diese gewann Patricio Aylwin, der Präsidentschaftskandidat der oppositionellen Christdemokratischen Partei (*Partido Democrático Cristiano*/PDC), der – charakteristisch für einen Großteil südamerikanischer Politiker – vor 1973 (also vor der autoritären Machtergreifung) Senator gewesen war und somit über demokratische Erfahrungen verfügte[18]. Was die Verfassungsfrage anbelangt, so war es im März 1990, also noch vor den Dezember-Wahlen, auf der Grundlage der Verfassung von 1981 zu einem Verfassungskompromiß zwischen der Pinochet-Regierung und der demokratischen Opposition gekommen, in der viele autoritäre Elemente seitens des Militärregimes durchgesetzt wurden. So konnten bis zum März 1998 (als auch Pinochet sein Amt als Oberbefehlshaber des Heeres niederlegte) die neuen Präsidenten die Oberkommandierenden der Teilstreitkräfte nicht absetzen; und in der Verfassungsrealität üben die Militärs weiterhin einen maßgeblichen Einfluß auf die chilenische Politik aus.

Das postautoritäre System Chiles ist nach der Verfassung vom März 1990 (mit Änderungen von 1991) eine Präsidialdemokratie, die dem direkt vom Volk für sechs Jahre gewählten *Präsidenten* (der seine Minister nach Gutdünken ernennt und entläßt) gegenüber dem Kongreß eine starke Position einräumt. Der *Kongreß* (*Congreso Nacional*) besteht aus zwei Kammern: dem *Abgeordnetenhaus* mit 120 Mitgliedern und dem *Senat,* dem 38 gewählte und neun ernannte Mitglieder angehören (vier ehemalige Militärs durch den Nationalen Sicherheitsrat, zwei ehemalige Oberste Richter und ein ehemaliger Präsident des Rechnungshofes durch den Obersten Gerichtshof, ein ehemaliger Universitätsrektor und ein ehemaliger Minister durch den Präsidenten). Hinzu kommen – wie im Falle Pinochet – alle ehemaligen Präsidenten mit sechsjähriger Amtszeit als Senatoren auf Lebenszeit. Diese Ernennungspraxis zielt darauf ab, eine Regierungsbildung zu erschweren, und verfolgt damit einen ähnlichen Zweck wie das Wahlgesetz, das die Opposition begünstigt. Nach diesem Wahlgesetz wird für beide Parlamentskammern in Zweimannwahlkreisen zwischen konkurrierenden Listen von Parteibündnissen (mit jeweils zwei Kandidaten) gewählt und der zweitstärksten Liste ein Vorzug eingeräumt. Das Wahlsystem soll damit verfassungsändernde Mehrheiten im Parlament verhindern. So wurden denn auch alle Versuche, über eine Verfassungsreform die autoritären Elemente in der Verfassung zu beseitigen, von der Opposition gemeinsam mit den ernannten Senatoren abgewehrt.

Die zweiten demokratischen Präsidentschaftswahlen seit der Redemokratisierung fanden im Dezember 1993 statt. Aus ihnen ging der Christdemokrat und Kandidat des regierenden

Mitte-Links-Bündnisses, Eduardo Frei Ruiz-Tagle (PDC), als klarer Wahlsieger hervor. Präsident Frei konnte politisch weitgehend an die erfolgreiche (nach dem Systemwechsel einmalig auf vier Jahre begrenzte) Amtsperiode seines Vorgängers Patricio Aylwin anknüpfen, der sich um die Aufarbeitung der Menschenrechtsverletzungen während des Pinochet-Regimes verdient machte und die wiedergewonnene Demokratie zu konsolidieren versuchte. Frei setzte sich vornehmlich für Reformen im Bildungssektor, eine stärkere Effizienz der Justiz und für die Innere Sicherheit ein, die zu einem wichtigen politischen Thema geworden war. Die Wahlen zum Abgeordnetenhaus vom Dezember 1997 (in der zweiten Hälfte der inzwischen sechsjährigen Amtszeit Freis) bestätigten die Politik des Präsidenten. Die Mehrheit der Stimmen erlangten die seit der Präsidentschaft Aylwins regierenden Koalitionsparteien: der PDC (*Partido Democrático Cristiano*), der PPD (*Partido por la Democracia*) und zwei sozialistische Parteien. Auf die Präsidentschaft von Frei Ruiz-Tagle ist es zurückzuführen, daß die chilenische Demokratie trotz der autoritären Elemente in der Verfassung als verhältnismäßig stabil bezeichnet werden kann.

In *Bolivien* gelang dem Bündnis aus der Nationalistisch-Revolutionären Bewegung (*Movimiento Nacionalista Revolucionario/MNR*) und der Arbeiterbewegung 1952 eine nationale Revolution. Es kam zu einer zwölfjährigen MNR-Regierung, die ein relativ schwaches demokratisches Institutionengefüge aufwies und 1964 durch einen Militärputsch abgelöst wurde. Von da an bis 1982 herrschten fast durchgehend Militärregime unterschiedlicher Ausprägung, die sich zu ihrer Scheinlegitimation auf die nationale Revolution von 1952 beriefen. 1982 gelang es den Linksparteien, eine Regierungskoalition unter Präsident Hernán Siles Zuazo zu bilden, mit der die Endphase der Militärherrschaft begann. Unter den auf Zuazo folgenden Präsidenten bildeten sich eine Liberalisierung und ein gemäßigtes Mehrparteiensystem mit einer Achse aus drei dominierenden Parteien heraus: dem MNR (s. oben), dem MIR (*Movimiento de la Izquierda Revolucionaria*) und der

ADN (Acción Democrática Nacionalista). Bei den Wahlen von 1993 vermochte sich Gonzalo Sánchez de Lozada (MNR) durchzusetzen. Zu seinem Wahlsieg trug auch die Entscheidung bei, mit Victor Hugo Cárdenas einen Vizepräsidenten in die Regierung einzubeziehen, der aus dem Volk der *Aymara*-Indianer stammt und als ein führender Intellektueller im Widerstand gegen Rassismus und Diskriminierung gilt. Das wesentliche Reformprojekt dieser Regierung war die Herstellung politischer und sozialer Rahmenbedingungen, die weit über den durchschnittlichen lateinamerikanischen Demokratisierungsprozeß hinausgingen. Im August 1994 trat in Form einer neuen Verfassung eine bedeutsame Reform der 1967 von den Militärregierungen verabschiedeten Verfassung in Kraft. Bolivien bezeichnet sich in dieser Verfassung nicht nur als eine freie und unitarische Republik mit einer repräsentativ-demokratischen Regierungsform, sondern auch als ein multi-ethnisches und auf mehreren Kulturen gründendes Gemeinwesen, das auf der Einheit und Solidarität aller Bolivianer beruht.

Im bolivianischen Präsidialsystem kommen nach der Verfassung vom August 1994 die oberste Exekutivgewalt und die legislative Kompetenz, Dekrete und Verordnungen zu erlassen, einem *Präsidenten* zu, der für vier Jahre prinzipiell in Direktwahl gewählt wird[19]. Wenn hierbei kein Kandidat die absolute Mehrheit der Stimmen auf sich vereint, entscheidet der Kongreß. Das Abgeordnetenhaus (*Camara de Deputados*) und der Senat (*Senado*) wählen dann mit absoluter Mehrheit unter den beiden bestplazierten Bewerbern den neuen Präsidenten. Nur wenn nach drei parlamentarischen Wahlgängen kein Kandidat die absolute Mehrheit erreicht, ernennt der Kongreß denjenigen zum Präsidenten, der bei den allgemeinen Wahlen die meisten Stimmen erlangte. Auf diesen auch andernorts üblichen Wahlmodus hinzuweisen, ist im Falle Boliviens bedeutsam. Denn die Wahl des Präsidenten durch das Parlament findet so häufig statt, daß das bolivianische System vielfach als ein „parlamentarisches Präsidialsystem" bezeichnet wird. In der neuen Verfassung wurde auch die Wahl der Kongreßabgeordneten neu geregelt: die der Mitglieder des Abgeordnetenhauses, das neben seiner Gesetzgebungskompetenz u. a. die Richter des Obersten Gerichtshofs aus dem Kreis der vom Senat vorgeschlagenen Kandidaten mit absoluter Mehrheit wählt, und die der Mitglieder des Senats, der u. a. über die vom Abgeordnetenhaus erhobene Amtsanklage gegen Richter des Obersten Gerichtshofes und den Generalstaatsanwalt mit einer Zweidrittelmehrheit befindet. Die Wahl der 130 Mitglieder des Abgeordnetenhauses und der 27 Senatoren vollzieht sich zur Hälfte per Direktwahl und zur Hälfte über Listen. Nach dem alten Wahlsystem (ohne Direktwahl) hatte jeder Wähler nur eine Stimme. Alle Bewerber einer Partei (für Präsidentschaft, Vizepräsidentschaft, Abgeordnetenhaus und Senat) mußten auf einer gemeinsamen Liste kandidieren. Insgesamt hat sich nicht zuletzt durch die Verfassungsreform von 1994 ein verhältnismäßig stabiles demokratisches System in Bolivien herausgebildet.

Gleichwohl muß erwähnt werden, daß viele Bolivianer mit Sorge den Ausgang der Präsidentschafts- und Parlamentswahlen vom Juni 1997 verfolgten, in denen General Hugo Banzer, der das Land bereits von 1971 bis 1978 regiert hatte, damals allerdings mit autoritären Vollmachten, zum Präsidenten gewählt wurde. Bolivien hat damit als erstes südamerikanisches Land einem ehemaligen Diktator die Möglichkeit eingeräumt, mit demokratischen Mitteln die Präsidentschaft zu erlangen. Manche Interpreten sehen hierin einen bedeutsamen Schritt zur weiteren Festigung der bolivianischen Demokratie, die Sánchez de Lozada durch seine Reformen (wie bei der Dezentralisierung und im Bildungswesen) vorangetrieben hat. Präsident Banzer hat diese Reformen nicht eingeschränkt, sich allerdings auch nicht dafür eingesetzt, den Reformprozeß entscheidend voranzubringen. Vorherrschend in Banzers Regierungsstil ist sein Pragmatismus, der sich als angezeigt erweisen könnte, um jene Probleme einer Lösung näherzubringen, die nach wie vor die wichtigsten der bolivianischen Demokratie darstellen: Armut, Arbeitslosigkeit und die Abhängigkeit vom Drogenhandel. Unabhängig hiervon sollte ein übergreifender Faktor nicht übersehen werden: Der Fall Banzer zeigt nicht zuletzt, in welch engem Verhältnis militärische und zivile Politiker in Bolivien nach wie vor zueinander stehen.

In *Peru* lösten 1968 die Militärs durch einen Putsch die reformunfähige Regierung Belaúnde Terry ab und versuchten, durch Strukturreformen die Modernisierung des Landes voranzutreiben. Der Versuch mißglückte; ab Mitte der siebziger Jahre breitete sich eine anhaltende Wirtschaftskrise aus. Das Scheitern der Militärs führte zu einer Redemokratisierung zunächst erneut unter der Regierung Belaúnde Terry (1980–1985) und sodann unter dem populistisch ausgerichteten Präsidenten Alan García (1985–1990), dem es jedoch ebensowenig gelang, die Wirtschaftskrise aufzufangen. In dieser bedrohlichen sozialökonomischen Situation, die durch die Schwäche der peruanischen Parteien und den dauernden Guerilla-Krieg des *Sendero Luminoso* noch verschärft wurde, brachten die Wahlen von 1990 den politischen Außenseiter Alberto Fujimori mit seinem Zweckbündnis Wandel 90 (*Cambio 90*) an die Macht. Ihm übertrug der Kongreß ab Juni 1991 für fünf Monate gesetzliche Sondervollmachten[20], von denen Fujimori in Form von 80 Dekreten in zwölf Tagen Gebrauch machte. Daraufhin verabschiedeten die Abgeordnetenkammer und der Senat Mitte Dezember 1991 ein Gesetz, nach dem die Präsidialverordnungen mit einfacher Mehrheit des Kongresses wieder aufgehoben werden konnten. Die Reaktion des Präsidenten bestand im sogenannten institutionellen Putsch, der vom Militär unterstützt wurde: im Selbstputsch des Präsidenten vom April 1992. Abgeordnetenhaus und Senat wurden aufgelöst und Teile der Verfassung außer Kraft gesetzt. Der von Fujimori danach selbst gelenkte Prozeß der Redemokratisierung begann im November 1992. Ein Verfassungsgebender Demokratischer Kongreß (CCD) wurde geschaffen, in dem die erweiterte Partei des Präsidenten (Wandel 90/Neue Mehrheit) über die meisten der 80 Mitglieder verfügte. Der Verfassungsentwurf fand 1993 Billigung per Volksabstimmung. Eine neue, auf Alberto Fujimori zugeschnittene Verfassung trat 1994 in Kraft.

Nach dieser Verfassung ist das politische System Perus eine Präsidialdemokratie mit erheblichen Machtbefugnissen des

Präsidenten. Der unmittelbar vom Volk auf fünf Jahre mit absoluter Mehrheit gewählte *Präsident* ernennt und entläßt den Präsidenten des Ministerrats, er besitzt das Oberkommando über Streitkräfte und Polizei und verfügt über das Recht, durch Präsidialverordnungen und Dekrete richtungweisend in den politischen Prozeß einzugreifen. Die *Legislative* besteht im Unterschied zur Verfassung von 1979, die ein Zweikammersystem beinhaltete, nur noch aus einer Kammer (*Congreso* mit 120 Abgeordneten) und einem die Tätigkeit der Staatsorgane überwachenden *Ständigen Ausschuß*: der *Comision Permanente* mit Amtsanklagekompetenzen. Gleichwohl bewirkt die Begrenzung der Legislative auf ein Einkammerparlament de facto eine Reduktion der parlamentarischen Kontrollfunktion und zugleich eine weitere Machtverlagerung vom Kongreß auf den Präsidenten. Die neue Verfassung kennt zudem (im Unterschied zur Verfassung von 1979) die Möglichkeit der direkten Wiederwahl des Präsidenten, von der Fujimori 1995 auch Gebrauch machte.

Die Wahl von 1995 wurde von der Befürchtung bestimmt, es könne ein Zurück zur Instabilität des politischen Systems Perus eintreten[21]. Nach wie vor vertraute man den demokratischen Institutionen in einem so geringen Maße, daß man die autoritäre Politik Fujimoris in Kauf zu nehmen bereit war. Hinzu kam die Erwartung, der starke Präsident werde auch weiterhin die Probleme der Inflation und des Terrorismus lösen. Die Wahlen gewann Alberto Fujimori gegen den ehemaligen UN-Generalsekretär Pérez de Cuéllar mit 64,4 Prozent der Stimmen gegenüber 21,2 Prozent.

Präsident Fujimori bezog und bezieht nach wie vor Stärke aus der Schwäche seiner Gegner. Der Opposition ist es bislang nicht gelungen, das überkommene Parteiwesen mit seinen korrupten Führungscliquen zu erneuern. Die Mehrheitsverhältnisse sind bis zu den Präsidentschaftswahlen 2000 (bei denen Fujimori gemäß der im Februar 1998 getroffenen Entscheidung des Obersten Gerichts für eine dritte Amtszeit erneut kandidiert), aber auch darüber hinaus so eindeutig, daß die Regierungsarbeit dem Präsidenten überlassen bleibt; und mit dieser

Alleinherrschaft verbindet sich weiterhin die Mißachtung der Verfassung und ihrer Organe sowie die Einschränkung der Bürgerrechte. Insgesamt bleibt das Militär die wichtigste Machtstütze des Präsidenten. Hierauf ist es zurückzuführen, wenn Fujimori u. a. mit sogenannten Notstandsdekreten, von denen über 50 Prozent dem Kongreß nicht einmal bekanntgegeben werden, seine Machtstellung zu festigen vermag. Die politische Einstellung der Partei des Präsidenten, die sich als demokratisch und rechtsstaatlich bezeichnet und die Regierungsmehrheit im Kongreß stellt, läßt sich an der Aussage des Vorsitzenden des Kongresses illustrieren. Kurz nach der Amtsenthebung dreier Verfassungsrichter im Juni 1997 (anläßlich der unmittelbar vorangegangenen Resolution gegen eine erneute Kandidatur des Präsidenten) und deren Ersetzung durch Gefolgsleute Fujimoris bezeichnete er als wichtigste Institution im staatlichen Bereich: den Präsidenten der peruanischen Republik. Den zweiten Rang billigte er dem Kongreß zu. Die Judikative wurde nicht erwähnt, wohl aber die peruanischen Streitkräfte.

Die Argentinische Republik und die Föderative Republik Brasilien

Nachdem in *Argentinien* im Juni 1943 das Militär erneut die Macht ergriffen hatte, setzten sich alsbald militärintern die Nationalisten um Kriegsminister und Vizepräsident Juan Domingo Perón gegen den traditionellen Flügel durch. Seitdem (und nach dem Sieg bei den Präsidentschaftswahlen von 1946 sowie bei den Kongreßwahlen von 1948) verbinden sich mit der argentinischen Geschichte Perón und der Peronismus, als dessen Kultfigur die erste Frau des Präsidenten: Eva Duarte (Evita) Perón, angesehen werden kann. Lange Zeit fand der Populismus Peróns eine breite Zustimmung in der argentinischen Bevölkerung – bis zu den wachsenden wirtschaftlichen Schwierigkeiten, die 1955 zu Unruhen, Massendemonstrationen der Regimegegner und zur Intervention des Militärs führten. Nach dem Rücktritt Peróns und einer zweijährigen Militärherrschaft begann eine Phase in der argentinischen Geschichte, in der sich Militärregime und Präsidialsysteme aus den Reihen der Radikalen abwechselten und in der es die Anhänger Peróns immer wieder unternahmen, den Peronismus zu beleben. Nachdem Perón im Juni 1973 aus dem spanischen Exil zurückgekehrt war, brachten ihm die Präsidentschaftswahlen vom September 1973 einen Sieg von 62 Prozent der Stimmen. Nach seinem Tod im Juli 1974 übernahm seine zweite Frau Maria Estela (Isabel) Perón die Regierung, während deren kurzer Dauer das Land von erheblichen Wirtschaftskrisen geschwächt wurde. Es kam erneut zur Machtergreifung des Militärs im März 1976 und zu einer Militärherrschaft, die erst 1982 mit dem Scheitern im Krieg gegen Großbritannien zu Ende ging. Die Militärs waren durch die Niederlage im Falkland/Malvinen-Konflikt politisch diskreditiert. Für Argentiniens Transformation zur Demokratie bedeutete dies, daß das Militär der nachfolgenden Zivilregierung keine Bedingungen auferlegen konnte.

Die Regierung des Präsidenten Raúl Alfonsín von der Radikalen Bürgerunion (1983–1989) bemühte sich um einen demokratischen Aufbruch, der jedoch von Anfang an mit dem wirtschaftlichen und politischen Erbe einer siebenjährigen Militärherrschaft belastet war. Während Alfonsíns Präsidentschaft erstarkten erneut die Peronisten, was sich bereits in den Kongreß- und Gouverneurswahlen im September 1987 zeigte. Bei den Präsidentschaftswahlen vom Mai 1989 errang der Peronist Carlos Saúl Menem die absolute Mehrheit. Während seiner ersten Präsidentschaft (1989–1995) kam es zu der mit der oppositionellen Radikalen Bürgerunion (UCR) vereinbarten Verfassungsreform, die die argentinischen Verfassungen von 1853 und 1860 in wesentlichen Passagen abänderte.

In der argentinischen Präsidialdemokratie wird seit der neuen Verfassung von 1994 der *Präsident* (statt über Wahlmänner) direkt vom Volk für vier Jahre gewählt[22]. Wenn im ersten Wahlgang auf keinen Kandidaten mehr als 45 Prozent der Stimmen entfallen oder der Wahlsieger nicht mindestens 40 Prozent der Stimmen erhält und 10 Prozentpunkte vor dem zweitstärksten Kandidaten liegt, findet eine Stichwahl statt. Die Regelung kommt insofern der Peronistischen Partei (*Partido Justicialista/PJ*) zugute, als diese seit 1987 bei allen Parlamentswahlen zwischen 41 und 46 Prozent der Wählerstimmen auf sich vereinen konnte. Darüber hinaus sieht die Verfassung das Amt des *Kabinettschefs* vor, der im Verhältnis zu den anderen *Ministern* eine Koordinierungsfunktion besitzt. Der an die Weisungen des Präsidenten gebundene Kabinettschef und die anderen Minister werden vom Präsidenten ernannt und entlassen. Neu ist im Bereich der Justiz vor allem die Institution eines *Richterrates*, dem es zukommt, Vorschlagslisten für die Besetzung der Bundesrichterpositionen zu erstellen; aufgrund deren wählt der Präsident die Kandidaten aus, die von einer Zweidrittelmehrheit der Mitglieder des Senats bestätigt werden müssen. Was die politischen *Parteien* anbelangt, so bescheinigt ihnen die neue Verfassung ihre Mitwirkung beim demokratischen Willensbildungsprozeß. Und was die Zusammensetzung und die Wahl des *Senats* betrifft, so werden die Senatoren (die zuvor indirekt durch die Provinzparlamente gewählt wurden) nun wie die Mitglieder des Abgeordnetenhauses direkt vom Volk gewählt. Jeder Provinz (und dem Bundesdistrikt Buenos Aires) stehen drei Senatorensitze zu, zwei entfallen auf die stärkste Partei und einer auf die zweitstärkste.

Das postautoritäre System Argentiniens zeichnet sich durch eine verhältnismäßig weitgehende Konsolidierung der Demokratie aus. Dafür sprechen nicht zuletzt die Präsidentschaftswahlen vom Mai 1995, die mit einem hohen Erfolg Präsident Menems endeten, und die Teilwahlen zum Abgeordnetenhaus vom Oktober 1997, bei denen zwar die linksliberale Allianz der beiden größten Oppositionsparteien: die *Alianza para el Trabajo, la Justícia y la Educación*, beträchtliche Stimmengewinne erzielte, bei denen aber der *Partido Justicialista* (PJ) stärkste Partei blieb. Dabei spielte der Erfolg der wirtschaftlichen Reformen eine nicht unbedeutende Rolle. Er gründete darauf, daß Carlos Menem statt auf Gesetze in starkem Maße auf präsidentielle Dekrete zurückgriff, für die ihm der Kongreß (*Congreso de la Nación*) über Ermächtigungsgesetze die Legitimationsgrundlage schuf. Die Machtkonzentration im Präsidentenamt hat sich dadurch erhöht. Charakteristisch für Argentinien ist nicht zuletzt, daß es Präsident Menem während seiner zweiten (und nach der Verfassung letzten) Präsidentschaft gelang, das Militär in seine Präsidialdemokratie einzubeziehen, was für die Festigung einer südamerikanischen Demokratie von großer Bedeutung ist. So kann trotz sozialer Konflikte (die zu Generalstreiks des peronistischen Gewerkschaftsdachverbandes führten) nach lateinamerikanischem Maßstab ein positives Urteil über die argentinische Demokratie gefällt werden – ein Urteil, dem auch nach der Präsidentschaft Menems weiterhin Gültigkeit zukommt.

In *Brasilien* dauerte die Militärherrschaft von 1964 bis 1989. Während dieser langen Zeitspanne waren die verschiedenen Militärregime darauf bedacht, eine formale Legalität vorzutäuschen[23]. So erließen sie Verfassungen und Sonderdekrete (die sogenannten institutionellen Akte), die sie jedoch, der Situation entsprechend, jederzeit wieder außer Kraft setzten. Auch wurde ein künstliches Zweiparteiensystem errichtet, das der grundsätzlich privilegierten Regierungspartei ARENA (*Alianca Renovadora Nacional*) und der Oppositionspartei MDB (*Movimento Democrático Brasileiro*) ihre jeweilige Rolle zuwies. Außerdem bestand ein Zweikammerparlament, das jedoch seiner Funktion als Gesetzgebungsorgan enthoben war. Dieser ersten – harten – Phase der Militärregime (1969–1974), die sich mit wirtschaftlicher Stabilität verband, folgte seit Mitte der siebziger Jahre eine Phase der politischen Entspannung (*distensao*) unter General Ernesto Geisel (1974–1979) und eine Politik der politischen Öffnung (*abertura*) unter General Joao Baptista Figueiredo (1979–1985), die zu einer Neubildung der politischen Parteien führte. Aus der früheren Regierungspartei ARENA ging die PDS (*Partido Democrático Social*) hervor, die bis zum März 1985 die Mehrheit im Bundesparlament besaß. Stärkste Oppositionspartei war die Mitte-Links-Opposition PMDB (*Partido do Movimento Democrático Brasileiro*) in der Nachfolge der früheren Oppositionspartei MDB. Das Parteiengesetz von 1979 betrachtete diese und die weiteren kleinen Oppositionsparteien jedoch nicht als autonome Vereinigungen, die sich aus dem freien Willen ihrer Mitglieder legitimieren; alle innerparteilichen Vorgänge wie Wahlen, Programm- und Satzungsänderungen unterlagen der Kontrolle und Bestätigung durch die staatliche Wahlgerichtsbarkeit. Am Ende dieser vorsichtigen Liberalisierung stand jedoch dann das Ende der Militärherrschaft.

Der allmähliche Demokratisierungsprozeß führte zu den Wahlen vom März 1985. Den Militärs kam es darauf an, daß ein ihnen genehmer ziviler Kandidat die Wahl gewann. Gegenüber dem Kandidaten der Regierungspartei erwies sich indes der Gegenkandidat der Opposition, Tancredo Neves, gestützt auf seine Demokratische Allianz (die Oppositionspartei PMDB, eine stimmenstarke Faktion aus der Militärpartei und auf drei kleinere Linksparteien), als überlegener Präsidentschaftskandidat. Er siegte in einem Wahlmännergremium, das die Generäle eingerichtet hatten, um die ursprünglich erstrebte direkte Volkswahl zu verhindern. Tancredo Neves, der erste demokratische Präsident seit 21 Jahren Militärherrschaft, erkrankte jedoch unheilbar noch vor seiner Amtseinführung. Das Präsidentenamt ging damit auf den Vizepräsidenten José Sarney über, auf einen Kompromißkandidaten, der das brasilianische Militärregime zwanzig Jahre lang verteidigt hatte und wegen seiner Unterstützung des Militärputsches von 1964 von der Mehrheit der Brasilianer skeptisch bewertet wurde. Gleichwohl war damit der Prozeß des Regimewechsels abgeschlossen – eines Regimewechsels, bei dem das Militär politisch kaum geschwächt von der Macht verdrängt wurde. Es hat die Transformation kontrollierend begleitet, nachdem es der demokratischen Opposition gelungen war, den vom Militär begonnenen Liberalisierungsprozeß in eine Richtung zu lenken, die schließlich zur Redemokratisierung führte.

In der Regierungszeit José Sarneys begann im Februar 1987 die Ausarbeitung der neuen Verfassung, die im September 1988 in Kraft trat. Die Verfassung – mit mehreren Änderungen (zuletzt von 1997) – stärkt die Kompetenzen der Bundesstaaten und Gemeinden gegenüber der Zentralregierung. Die *Regie-*

rungschefs (der Präsident der Republik, die Gouverneure und die Präfekten) werden auf den drei Verwaltungsebenen (des Bundes, der Bundesstaaten und der Gemeinden) direkt für vier Jahre gewählt. Es gilt das Mehrheitswahlsystem, wobei eine Stichwahl immer dann erfolgt, wenn keiner der Kandidaten im ersten Wahlgang die absolute Mehrheit der Stimmen erlangt. Die Legislative liegt auf Bundesebene beim *Kongreß* (*Congresso Nacional*): dem *Bundessenat* (*Senado Federal*) und dem *Abgeordnetenhaus* (*Câmara dos Deputados*), und in den Bundesstaaten und Gemeinden bei den Landes- bzw. den Gemeindeparlamenten. Die Amtsperiode der Parlamentsabgeordneten, für die das Verhältniswahlsystem gilt, beläuft sich auf vier Jahre. Die Senatoren werden nach dem Mehrheitswahlsystem für jeweils acht Jahre gewählt, wobei alle vier Jahre ein Drittel der Senatoren wechselt. Die Bundesstaaten wählen in den Senat (mit 81 Sitzen) je drei Vertreter und in das Abgeordnetenhaus (mit 513 Sitzen) eine dem jeweiligen Bevölkerungsanteil entsprechende Abgeordnetenzahl (mindestens drei und höchstens siebzig). Der vom Volk auf vier Jahre gewählte *Präsident* hat eine starke Machtposition. Er ist befugt, Gesetzesinitiativen zu ergreifen und Vorläufige Rechtsmaßnahmen (mit sofortiger Gesetzeskraft) zu erlassen, die der Kongreß innerhalb von dreißig Tagen in Gesetze umwandeln oder ablehnen kann. Beabsichtigt wurde damit, die unter den Militärs oft angewandten legislativen Machtbefugnisse durch zustimmungspflichtige Präsidialdekrete (der genannten Art) zu ersetzen. Gleichwohl billigen die Vorläufigen Rechtsmaßnahmen den Präsidenten eine beträchtliche legislative Kompetenz zu.

Im Jahre 1989 fanden die ersten direkten Präsidentschaftswahlen statt, durch die Fernando Collor de Mello die Präsidentschaft erlangte. Collor trat zwar mit einem ambitionierten Programm wirtschaftlicher Modernisierungen sein Amt an, mußte aber 1992 wegen einer schweren Korruptionsaffäre im Rahmen eines *Impeachment*-Verfahrens zurücktreten. Vizepräsident Itamar Franco ernannte Fernando Henrique Cardoso zum Wirtschafts- und Finanzminister, der eine nachhaltige Stabilisierung der Wirtschaft durchsetzte. Mit Cardosos Wahl zum Präsidenten im Oktober 1994 wurde zugleich ein Regierungsprogramm verabschiedet, das Staats-, Wirtschafts- und Sozialreformen mit demokratischer Stabilisierung verbindet. In vielen Bereichen war die Politik des Präsidenten Cardoso erfolgreich. Während seiner ersten Präsidentschaft hat sich die brasilianische Demokratie weiter konsolidiert. Im Oktober 1998 wurde Fernando H. Cardoso mit großer Mehrheit für eine zweite Amtszeit wiedergewählt.

Die politischen Systeme in Ost- und Südostasien

Ein beeindruckendes Wirtschaftswachstum, das in großen Teilen Ost- und Südostasiens die beiden vergangenen Jahrzehnte bestimmte, seit Juli 1997 jedoch von einer beträchtlichen Währungs- und Verschuldungskrise abgelöst wurde, hat den Blick auf die Länder der Region gelenkt. Die Krise verdeutlichte für die Kritiker des asiatischen Wachstumsmodells, daß sich mit dem ökonomischen Aufschwung nicht der als notwendig erachtete politische Systemwechsel verband. Ein solcher Erklärungsversuch ist zumindest nicht durchgehend richtig. Seit der zweiten Hälfte der achtziger Jahre erreichte der Prozeß der Systemtransformation (von autoritären Regimen zu Demokratien) auch Asien. Den Anfang machten die Philippinen (1986), denen kurz darauf Südkorea (1987) und Thailand (1992) folgten. So sollen denn auch im nachfolgenden Kapitel die wichtigsten Transitionsphasen am Beispiel dieser drei Schwellenländer dargestellt werden. Es interessiert das Verlaufsmuster des Systemwechsels und die Frage, welche politischen Systeme hierdurch zustande kamen, sowie die Frage nach der Legitimität der demokratischen Verfassungen.

Dieses Kapitel will einen allgemeinen Überblick über die politischen Systeme Ost- und Südostasiens geben – über politische Systeme, die so verschiedenartig sind wie die Region selbst[24]. So sind Thailand, Kambodscha, Malaysia und Brunei Monarchien: Thailand und Kambodscha *konstitutionelle* Monarchien, Malaysia eine semi-autoritäre *Wahlmonarchie* (mit Parlament) und Brunei eine *absolute* Monarchie. Indonesien läßt sich als ein bürokratisch-autoritäres Regime bezeichnen, Vietnam und Laos gelten als sozialistische Systeme, und Singapur bildet eine semi-autoritäre Republik. Südkorea und die Philippinen sind präsidentiell-parlamentarische bzw. präsidentielle Demokratien, und Birma (Myanmar) ist noch immer eine Militärdiktatur. Diese Vielfalt spiegelt sich auch in den Verfassungen wider. Die Mehrheit der ost- und südostasiatischen Staaten weist eine zweigeteilte Exekutive mit einem Staatsoberhaupt und einem Regierungschef auf. Das Staatsoberhaupt ist wie in Thailand, Malaysia und Kambodscha ein Monarch oder wie in Südkorea und Vietnam, Laos und Singapur ein Staatspräsident. Regierungschef ist der jeweilige Premierminister. Dies trifft freilich nicht auf die absolute Monarchie Brunei und das birmanesische Militärregime sowie für die Präsidialsysteme der Philippinen und Indonesiens zu, in denen die Funktionen des Staatsoberhaupts und des Regierungschefs in einer Person vereint sind. Auf den Philippinen und in Indonesien unterscheiden sich die Präsidentenämter sowohl durch die Amtsbestellung als auch durch die Machtfülle, die ihnen zukommt. Diese ist auf den Philippinen stark ausgeprägt, reicht aber nicht an die des indonesischen Präsidentenamtes heran.

Der machtvollen Exekutive steht in den Staaten der Region eine verhältnismäßig schwache Legislative gegenüber. Mit Ausnahme der Philippinen und Thailands können die meisten Parlamente weitgehend als Zustimmungsorgane bezeichnet werden. Unterschiede zeigen sich in bezug auf eine oder zwei Kammern. So bestehen in Südkorea, Singapur, Vietnam, Laos und Kambodscha Einkammerparlamente, während Indonesien, Malaysia, die Philippinen und Thailand über Zweikammerparlamente verfügen. In Brunei und Birma existieren derzeit keine Parlamente, die entstehende birmanesische Verfassung sieht ein Zweikammerparlament vor. Weitere Unterschiede zeigen sich im Verhältnis der beiden Kammern auf den Philippinen und in Thailand. Während der thailändische Senat – wenngleich heute in stark abgeschwächtem Maße – als Instrument dient, den Einfluß des Militärs durchzusetzen, bestehen auf den Philippinen Tendenzen, den Senat abzuschaffen und damit die Legislative auf ein Einkammerparlament zu konzentrieren.

Insgesamt läßt sich sagen, daß die politische Entwicklung Ost- und Südostasiens vielschichtig verlaufen ist und dies auch weiterhin wird. In den Ländern, die sich in einem demokratischen Transformationsprozeß befinden, bilden sich (wie im Kapitel über Japan dargestellt) andere Merkmale der Demokratie als in Europa und in den USA heraus. Das Modell ist dasselbe, doch die historischen, sozialen und kulturellen Voraussetzungen sind grundverschieden. Es erscheint deshalb gar nicht so falsch, von *asiatischen* Demokratien zu sprechen – von demokratischen Systemen mit eigenem Gepräge, in denen sich autochthone Eigenheiten mit westlichen Institutionen verbinden. Derartige politische Systeme lassen sich (neben einer starken Exekutive und einer relativ schwachen Legislative) mehr durch Beratung (Konsultation) als durch Teilhabe (Partizipation) charakterisieren.

Die Republik Korea, das Königreich Thailand und die Republik der Philippinen

Die Schwellenländer Ost- und Südostasiens haben – wie im voranstehenden Kapitel erwähnt – seit der zweiten Hälfte der achtziger Jahre einen demokratischen Systemwechsel vollzogen, der sich für *Südkorea* wie folgt zusammenfassen läßt: Nach der Unabhängigkeit der südkoreanischen Teilrepublik im August 1948 entstand zunächst ein Präsidialsystem unter Syngman Rhee, der wegen seiner Zusammenarbeit mit einem korrupten Militär alsbald auf heftigen Widerstand der Bevölkerung stieß und schließlich zurücktreten mußte. Die im Juni 1960 verabschiedete neue Verfassung führte ein parlamentarisches System ein. Die Regierung bildete John Chang, der jedoch schon ein Jahr darauf durch einen Militärputsch gestürzt wurde. In den folgenden 26 Jahren beherrschten die Militärs Südkoreas Entwicklung, die zum einen durch wirtschaftlichen Erfolg und zum anderen durch radikale Unterdrückung der politischen Opposition gekennzeichnet war. Diese Opposition erstarkte allerdings zunehmend; es kam zu einer von den Studierenden und den Nichtregierungsorganisationen getragenen Demonstrationswelle gegen das Militärregime von Chun Doo Hwan, die weite Unterstützung bei der südkoreanischen Bevölkerung fand. Im Vorfeld der Olympischen Sommerspiele von Seoul (1988) kam Rho Tae Woo (der Nachfolger von Chun Doo Hwan) den Demokratieforderungen der Opposition nach. Bei den direkten Präsidentschaftswahlen im Dezember 1987 konnte zwar noch der Regimekandidat Rho die Mehrheit der Stimmen erlangen. Die Parlamentswahlen vom April 1988 jedoch gewann zum erstenmal in der südkoreanischen Nachkriegsgeschichte nicht die Regierungspartei; den Militärs gelang es allerdings, durch eine Koalition mit zwei Oppositionsparteien noch einmal die Regierung zu stellen.

Der südkoreanische Systemwechsel vollzog sich auf dem Verhandlungswege. Er begann 1987 mit einem verfassungsgebenden Parlamentsausschuß (aus Repräsentanten der demokratischen Opposition und des scheidenden Militärregimes) und endete im Februar 1988, als die neue Verfassung nach einem Referendum in Kraft trat. Diese Verfassung[25] räumt dem unmittelbar vom Volk auf fünf Jahre gewählten *Staatspräsidenten* eine starke Stellung ein. Ihm untersteht die Exekutive, er ernennt mit Zustimmung des Parlaments den *Premierminister* und auf dessen Vorschlag die *Minister*. Zudem hat er den Vorsitz im *Staatsrat* inne, dem neben ihm der Premierminister und die Kabinettsmitglieder (15 bis 30 Personen) angehören. Der Staatspräsident verfügt über das Recht, Dekrete und (bei nationalem Notstand) Notverordnungen zu erlassen sowie Referenden anzusetzen. Gemeinsam mit dem Parlament, dem Einkammersystem der Nationalversammlung, kommt dem Präsidenten das Gesetzesinitiativrecht zu. Er kann darüber hinaus von der Möglichkeit Gebrauch machen, gegen Gesetzesbeschlüsse des Parlaments ein Veto einzulegen, das von der Nationalversammlung mit absoluter Mehrheit zurückgewiesen werden kann. Die *Nationalversammlung* besitzt das Budgetrecht und parlamentarische Untersuchungsrechte, die als Kontrollinstrumente gegenüber der Exekutive verankert wurden.

Und schließlich verfügt die Nationalversammlung über die Möglichkeit eines nichtbindenden Mißtrauensvotums gegenüber dem Premierminister und den einzelnen Ministern sowie über das Recht der Anklage des Staatspräsidenten wegen Amtsmißbrauchs (mit einer Zweidrittelmehrheit) vor dem Verfassungsgericht, das über den *Impeachment*-Antrag entscheidet.

Insgesamt zeugt die Machtbalance zwischen Exekutive und Legislative ebenso wie die Kompetenzverteilung zwischen dem Staatspräsidenten und dem Premierminister, der die Regierung nach den allgemeinen Richtlinien des Präsidenten leitet, von einem auf Konsultation angelegten System. Die südkoreanische präsidentiell-parlamentarische Demokratie nimmt parlamentarisch-präsidentielle Züge an: dies nicht zuletzt angesichts einer bipolaren Exekutive, in der die Amtshandlungen des Staatspräsidenten (wie in Frankreich) der Gegenzeichnung durch den Premierminister bedürfen. Es handelt sich somit bei der neuen Verfassung um eine Kombination einzelner Strukturelemente des parlamentarischen und des präsidentiellen Systems, wobei letztere das Übergewicht haben.

Die ersten Parlaments- und Präsidentschaftswahlen nach der Verfassung von 1988, die Wahlen vom April bzw. Dezember 1992, gewannen die DLP (*Democratic Liberal Party*) und Kim Young Sam als erster frei gewählter Präsident seit mehr als dreißig Jahren. In seiner Rede zur Amtseinführung legte Kim seine Vision einer demokratischen Erneuerung Koreas dar, die der Staatspräsident zunächst teilweise zu realisieren versuchte, die aber immer mehr von Korruptionsskandalen überschattet wurde. Im Vorfeld der Parlamentswahlen im April 1996 erneuerte Kim Young Sam, der inzwischen die DLP in NKP (*New Korea Party*) umbenannte, seine Regierung. Die NKP verlor zwar die absolute Mehrheit der Sitze in der Nationalversammlung, blieb aber weiterhin stärkste politische Kraft. Zu einem Präsidentschafts- und Regierungswechsel führten sodann die Präsidentschaftswahlen vom Oktober 1997, bei denen nach der Verfassung der Amtsinhaber Kim Young Sam kein zweites Mal kandidieren konnte und bei denen sich der NCNP

(*National Congress for New Politics*) und die ULD (*United Liberal Democrats*) auf einen gemeinsamen Kandidaten geeinigt hatten: auf Kim Dae Jung, der neuer koreanischer Staatspräsident wurde. Mit diesen Präsidentschaftswahlen und dem erneuten demokratischen Machtwechsel begann eine weitere Transitionsphase hin zur Konsolidierung einer Demokratie, die zwar nach wie vor (namentlich durch zahlreiche Korruptionsskandale) Probleme aufwirft, bei der aber kaum noch mit einem autoritären Rückschlag zu rechnen ist.

In *Thailand*, wo inzwischen die wirtschaftliche Krise ein dramatisches Ausmaß angenommen hat, regiert seit November 1997 Ministerpräsident Chuan Leekpai mit seiner Demokratischen Partei, der ältesten Thailands. Chuan gilt als ein integrer demokratischer Pragmatiker – im Unterschied zu den militärisch-bürokratischen und quasi-demokratischen Führungsschichten der thailändischen Geschichte, die durch Militärregime und demokratische Intermezzos geprägt ist. In diesem Prozeß des Wechsels wurde Thailand immer dann undemokratisch beherrscht[26], wenn ein vom Militärregime ernanntes Einkammerparlament einer starken Exekutivmacht gegenüberstand (wie zuletzt: 1976–1978). Von einem quasi-demokratischen System ließ sich dann sprechen, wenn zwar ein gewähltes Repräsentantenhaus existierte, dieses jedoch von einem von der Regierung ernannten mächtigen Senat aus hohen Offizieren und Beamten in seiner Kompetenz eingeschränkt wurde (wie zuletzt: 1991–1992). Nur wenn das Repräsentantenhaus im Kongreß vorherrschte und der Ministerpräsident ihm verantwortlich war, konnte Thailand als ein demokratisches System bezeichnet werden (wie zuletzt: 1988–1991). Nach diesem steten Wechsel gewann der Vorsitzende der Demokratischen Partei Chuan Leekpai die Wahlen vom September 1992. Auf seine Initiative hin wurden 1992 Verfassungsänderungen und 1995 eine neue Verfassung verabschiedet, die die Verfassung von 1991 ablösten.

Die Verfassung von 1991, die wie die von 1978 von den Militärregierungen in Kraft gesetzt worden war, hatte einen starken, vom König auf Vorschlag des Ministerpräsidenten ernannten *Senat* festgeschrieben, dem 137 Militärs (unter den 260 Mitgliedern) angehörten und der vor allem deren Interessen absichern und die Regierung kontrollieren sollte. Die Verfassungsänderungen von 1992 beseitigten diese und andere autoritäre Bestandteile in dreierlei Hinsicht: Die Kontrolle der Legislative durch die Regierung wurde eingeschränkt, der ernannte *Senat* in seiner Gesetzeskompetenz stark begrenzt und das freigewählte *Repräsentantenhaus* als Gesetzgebungsorgan gestärkt. Der *Ministerpräsident* mußte aus der Mitte des Repräsentantenhauses kommen und dem *König* durch den Parlamentspräsidenten zur Ernennung vorgeschlagen werden. Was die Senatoren anbelangte, so ging deren Ernennung zwar vom König aus, die Ernennungsvorschläge bedurften jedoch der Gegenzeichnung durch den Ministerpräsidenten. Neben dem Recht, Gesetzesvorlagen des Repräsentantenhauses zu prüfen, blieb dem Senat seine Befugnis erhalten, über Verfassungsänderungen in gemeinsamer Sitzung mit dem Repräsentantenhaus abzustimmen.

Nachdem sich zeigte, daß der Senat und seine Mitglieder aus den Reihen des Militärs und der Bürokratie die Schwächung der zweiten Kammer nicht hinzunehmen bereit waren, gestanden bzw. gestchen die Verfassung vom Februar 1995 und die Verfassungsänderung vom Oktober 1997 dem *Senat* wieder eine stärkere Kontroll- und Gesetzeskompetenz zu (u. a. bei budgetbetreffenden Gesetzen, die zudem der Bestätigung durch den Ministerpräsidenten bedürfen). Auch greift die Verfassung die Forderung nach direkter Volkswahl der 200 Senatoren auf. Um diese jedoch aus dem Parteienwettbewerb herauszuhalten, sind Parteimitglieder von einer Kandidatur ausgeschlossen. Durch den direkten Wahlmodus dürften das Militär und die Bürokratie weiterhin ihren politischen Einfluß einbüßen. Weit weniger verändert wurden die Verfassungsbestimmungen in bezug auf den Ministerpräsidenten, die Minister und das Repräsentantenhaus. Der *Ministerpräsident* wird vom Repräsentantenhaus gewählt und vom König ernannt. Die Minister sind dem *Repräsentantenhaus* (mit 500 Mitgliedern) verantwortlich. Diesem untersteht wesentlich die Gesetzgebung, bei der dem *König* ein Veto zukommt, das von einer Zweidrittelmehrheit akzeptiert werden kann (und andernfalls unberücksichtigt bleibt). Wenngleich derart die königlichen Prärogativen sehr begrenzt sind bzw. Memoranden gleichen, sollte die moralische Autorität des Monarchen, den die Verfassung als Erhalter der buddhistischen Religion bezeichnet, nicht unbeachtet bleiben. So treffen sich regelmäßig der Ministerpräsident, die Minister und hochrangige Beamte zu Audienzen beim König, den ein verfassungsmäßig verankerter *Kronrat* berät. Der von hier ausgehende informelle Einfluß des Monarchen kann zu Lösungen anstehender (Tages-)Probleme beitragen und stellt eine wichtige einigende Kraft in der thailändischen Politik dar.

Mit der erfolgreich durchgeführten Verfassungsreform vom Februar 1995 endete im Juni 1995 die erste Regierungszeit Chuan Leekpais. Die vorgezogenen Wahlen gewann die oppositionelle Nationalpartei *Chart Thai* unter Banharn Silpa Archa, dessen Koalitionsregierung im September 1996 wieder zurücktrat. Ihm folgte der dem Militär nahestehende Chavalit Yongchai als Ministerpräsident, der im November 1997 von Chuan Leekpai abgelöst wurde. Nicht zuletzt dieser häufige Regierungswechsel läßt die Frage nach der demokratischen Entwicklung Thailands stellen. Bei ihrer Beantwortung ist auf die sehr geringe demokratische Tradition zu verweisen; das Parteiwesen ist nur schwach ausgeprägt, und auch die Sachkompetenz der Parlamentarier reicht nicht aus. Bei der thailändischen Demokratie, die nach wie vor weitgehend nur den städtischen Bereich erfaßt, erscheint es noch zu früh, eine demokratische Konsolidierung feststellen zu wollen. Die Gefahr eines Putsches jedoch und damit der Rückfall in ein autoritäres System kann als verhältnismäßig gering bezeichnet werden.

Die *Philippinen* sind über ein Jahrhundert durch eine Koexistenz demokratischer Institutionen mit oligarchischen Sozialstrukturen geprägt worden. In dieser Zeitspanne wurde der Inselstaat 1899 durch einen amerikanischen Eroberungskrieg rekolonisiert, erhielten die Philippinen 1935 den Commonwealth-Status und 1934/35 eine bis 1972 gültige Verfassung, die stark an das amerikanische Vorbild angelehnt war. Demokratische Entscheidungsprozesse wurden durch Wahlbetrug und Korruption stark behindert. Der seit 1965 regierende Präsident Ferdinand E. Marcos, der Anfang der siebziger Jahre mit starken Guerilla-Bewegungen konfrontiert wurde, verhängte 1972 den Ausnahmezustand, der bis 1981 bestand. Im Mai 1984 erlangte die Opposition bei den Parlamentswahlen beachtliche Erfolge. Darauf setzte Marcos vorgezogene Präsidentschaftswahlen an, die (unterstützt durch einen friedlichen Volksaufstand) die Oppositionskandidatin Corazon Aquino gewann. Die Anerkennung dieses Wahlsiegs durch die Streitkräfte führte zum Ende der autoritären Marcos-Herrschaft und zu einem demokratischen Regime, das für 1987 eine neue Verfassung ausarbeitete.

Diese Verfassung stellt zunächst die Rechtsbindung staatlicher Handlungen heraus – eine rechtsstaatliche Verfahrensordnung, die als Reaktion auf die leidvolle Praxis der Marcos-Diktatur zu verstehen ist. Soziale Gerechtigkeit wird darüber hinaus als Verfassungsziel betont: in einem weitverzweigten Programm von Arbeitnehmerrechten und Rechten für verschiedene benachteiligte Bevölkerungsgruppen (u. a. für Frauen und Slum-Bewohner). Was die Verfassungsinstitutionen anbelangt, so kommt dem in Direktwahl durch das Volk gewählten *Präsidenten* eine starke Position zu. Er ernennt die Minister, Botschafter und das hohe Militär mit Zustimmung der parlamentarischen *Ernennungskommission*. Zudem verfügt er über ein Veto gegen die Gesetzesvorlagen des Kongresses, das nur von einer Zweidrittelmehrheit im Repräsentantenhaus und im Senat überstimmt werden kann. Gleichwohl sind aufgrund der negativen Erfahrungen mit der Marcos-Herrschaft präsidielle Machteinbußen zu verzeichnen[27]. Diese zeigen sich u. a. darin, daß die Amtszeit des Präsidenten auf sechs Jahre (ohne Wiederwahl) begrenzt ist. Darüber hinaus sind die Ausnahmerechte des Präsidenten zeitlich eingeengt und an Kontrollrechte des Kongresses und der Justiz gebunden. Der Ausnahmezustand kann mit der Mehrheit der Kongreßmitglieder zurückgewiesen werden und ist im positiven Fall auf zwei Monate beschränkt. Hinzu kommt die Überprüfung der

Rechtmäßigkeit durch den Obersten Gerichtshof. Dem Präsidenten steht der *Kongreß* mit seinen beiden Kammern – dem *Repräsentantenhaus* und dem *Senat* (mit 24 Mitgliedern) – gegenüber. Das Repräsentantenhaus besteht aus 250 Mitgliedern, von denen 80 Prozent proportional dem jeweiligen Bevölkerungsanteil in Wahlkreisen der Provinzen, der Städte und des Bundesdistrikts Manila direkt gewählt werden; hinzu kommt eine Listenwahl, durch die 20 Prozent der Mitglieder des Repräsentantenhauses entsandt werden. Die Hälfte der Kandidaten der Wahllisten müssen aus den Schichten der Arbeiter, der Bauern und der städtischen Armutsbevölkerung sowie aus Frauen- und Jugend-Verbänden und aus kommunalen Kulturgemeinden (mit Ausnahme des religiösen Sektors) stammen.

Bei den Präsidentschaftswahlen vom Juni 1992 wurde Fidel Ramos zum neuen Präsidenten gewählt, der im September 1996 mit dem Führer der Nationalen Freiheitsfront MNLF (*Moro National Liberation Front*), Nur Misuari, einen Friedensvertrag schloß, der den Guerilla-Krieg mit der Vertragsklausel, einen eigenen muslimischen Staat zu schaffen, beenden sollte. Das Oberste Gericht der Philippinen reagierte im Juni 1997 mit der Entscheidung, Ramos bei den Präsidentschaftswahlen im Mai 1998 verfassungsgemäß keine Kandidatur für eine zweite Amtszeit einzuräumen. Muslimischer Ambitionen unverdächtig, errang der bisherige Vizepräsident Joseph (Erap) Estrada die Mehrheit der Stimmen. Mit den Präsidentschaftswahlen gingen zugleich die Wahlen zum Repräsentantenhaus und die Wahlen der Hälfte der Senatoren sowie die der Gouverneure der Provinzen einher. Die Wahlen und der Wahlkampf waren neben einer starken kirchlichen Einmischung durch – in den Philippinen übliche – Fälle von Gewaltanwendung und des Wahlbetrugs gekennzeichnet.

Trotz der negativen Begleiterscheinungen der Wahlen vom Mai 1998 läßt sich zusammenfassend sagen, daß sich die strukturschwache philippinische Demokratie allmählich zu stabilisieren beginnt[28], daß aber bisher jede demokratische Institutionenbildung mit Aktionen einer illoyalen Opposition verbunden war, die den Systemwechsel bedrohten. Auch konnte Aquinos Regierung nur überdauern, weil sie dem Militär und der Oligarchie Zugeständnisse einräumte. Gleichwohl zeigte sich bereits bei den Kongreß- und Kommunalwahlen im Mai 1995, daß demokratische Parlamentsabgeordnete eine große Mehrheit auf sich vereinen konnten. Auch war die philippinische Demokratie schon 1992 so weit fortgeschritten, daß Fidel Ramos (obwohl er weniger als ein Viertel der Wählerstimmen auf sich vereinte) die Präsidentschaft übernehmen konnte. Der demokratische Trend setzte sich bei der Wahl Joseph (Erap) Estradas im Mai 1998 fort: ein Trend hin zu einer Demokratie, die allerdings die ernsthaften sozialen Probleme und vor allem die prekäre Menschenrechtssituation noch immer nicht behoben hat.

Exkurs: Die südasiatische Republik Indien

Die Darstellung möglichst vieler politischer Systeme der Welt bliebe unvollkommen, berücksichtigte sie nicht auch die volkreichste Demokratie der Welt: das südasiatische Schwellenland Indien, das sich als Vormacht am Indischen Ozean versteht. Im Unterschied zu den postautoritären Schwellenländern Ost- und Südostasiens hat sich in Indien kein Systemwechsel vollzogen, wenn man vom indischen Freiheitskampf absieht. Die britische Machtübergabe vom 15. August 1947 verlief (nach akzeptierter Teilung des Subkontinents in die beiden Staaten Indien und Pakistan) weitgehend friedlich. Und die primäre Errungenschaft des Freiheitskampfes war der Nationalkongreß, den Mahatma Gandhi (der Politiker des gewaltlosen Widerstands gegen die britische Kolonialherrschaft) errichtete und der unter der Führung von Jawaharlal Nehru, dem ersten Premierminister des unabhängigen Indien, und unter der seiner Nachfolgerin zur staatstragenden (Massen-)Partei während der ersten dreißig Jahre der indischen Republik wurde. Nach Nehrus Tod im Jahre 1964 errang nach einer Interimsregierung 1966 Indira Gandhi (die Tochter Nehrus) als Kompromißkandidatin das Amt der Premierministerin, das sie von 1966 bis 1977 und von 1980 bis zu ihrer Ermordung 1984 innehatte. Während ihrer langen Amtszeit errang die Premierministerin einige hohe Wahlsiege wie im Jahre 1971 mit dem Slogan *Garibi Hatao* (Schlagt die Armut). In dieser Zeitspanne, in der die Parlamentswahlen zu einem Plebiszit für Indira Gandhi wurden, machte sie aber auch von umfassenden (vom Staatspräsidenten übertragenen) Notstandsbefugnissen Gebrauch, um Indien über ein Jahr (1975–1976) mit diktatorischen Vollmachten zu regieren. Indira Gandhi lebte in dieser Zeit von der und für die Macht, um 1980 letztmals in einer harten Wahlkampagne das Amt der Premierministerin zu erlangen.

Bei diesem kurzen Blick zurück wurden bereits spezifische Kennzeichen des politischen Systems Indiens angesprochen, das von einem Gegensatz zwischen einer zentralistischen parlamentarischen Demokratie nach britischem Muster und einem „Föderalismus von oben" (der sich u. a. in der noch zu erwähnenden *President's Rule* zeigt) bestimmt ist. Die Verfassung Indiens vom Januar 1950 umfaßt die Bundesverfassung und eine Standardverfassung für die Bundesstaaten. Sie beinhaltet ein Zweikammersystem, das aus einem Haus des Volkes (*House of the People/Lok Sabha*) und einem Rat der Staaten (*Council of States/Rajya Sabha*) besteht. Der *Staatspräsident* wird von einem Wahlmännerkollegium (aus Abgeordneten beider Kammern und der Parlamente der Bundesstaaten) gewählt; ihm kommt damit eine eigene demokratische Legitimation zu. Er bestellt den Premierminister aufgrund der parlamentarischen Mehrheitsverhältnisse und ernennt die von diesem bestimmten Minister. Der *Premierminister*, der zusammen mit dem kollektiv verantwortlichen Kabinett, dem Ministerrat, die Regierung ausübt, besitzt alle Rechte, die seinem britischen Kollegen zustehen. Dafür und für die Einschränkung der Machtbefugnisse des Präsidenten haben (ergänzend zu den übernommenen britischen Konventionen der parlamentarischen Demokratie) Rechtsprechung und Verfassungsänderungen gesorgt. Das *House of the People* umfaßt maximal 530 in den 25 Bundesstaaten direkt gewählte Mitglieder – ergänzt um zwanzig Abgeordnete, die aus den *Union Territories* (den von Delhi direkt verwalteten Unionsterritorien wie den Nicobar

Islands) kommen. Der *Council of the States*, die Länderkammer des indischen föderativen Systems, besteht aus maximal 250 Mitgliedern, von denen 238 von den Parlamenten der Bundesstaaten entsandt werden, und zwölf weiteren Mitgliedern, die der Staatspräsident (aufgrund besonderer Qualifikationsmerkmale) ernennt. Des weiteren kennt die indische Verfassung für den *Staatspräsidenten* weitreichende Notstandsbefugnisse, die er dem Premierminister übertragen und von denen seit dem 44. Amendment (1978) nur dann Gebrauch gemacht werden kann, wenn ein schriftlicher Beschluß des Ministerrats vorliegt. Im übrigen kann der Staatspräsident mittels der *President's Rule* den Ministerpräsidenten eines Bundesstaates seines Amtes entheben, wenn der dortige (vom Präsidenten ernannte) Gouverneur die Zentralregierung wissen läßt, daß der Bundesstaat „unregierbar" geworden sei. Auf Anraten des Premierministers löst dann der Präsident das Parlament des betreffenden Bundesstaates auf und beauftragt den Gouverneur damit, das Land mit Hilfe des Verwaltungsapparates bis zu den Neuwahlen zu regieren. Diese müssen innerhalb eines Halbjahreszeitraums eine handlungsfähige Regierung ergeben; andernfalls regiert der Gouverneur den Bundesstaat bis zu den nächsten Wahlen weiter. Die *President's Rule* wurde häufig mißbraucht, um Regierungen von Bundesstaaten ihres Amtes zu entheben, wenn wie in der Regierungszeit Indira Gandhis die Premierministerin mit deren Politik nicht einverstanden war.

Ein weiterer wichtiger Faktor in der indischen Politik zeigt sich in der Parteienszene, die über eine lange Zeitspanne hinweg von der Kongreßpartei dominiert wurde. Ihr standen gespaltene Oppositionsparteien gegenüber, die es der Kongreßpartei ermöglichten, allein oder in einer Koalition zu regieren – bis zu den Parlamentswahlen vom April/Mai 1996. Damals kam es zum Wahlsieg der hindu-nationalistischen *Bharatiya Janata Party* (*BJP*)[29], die entgegen dem Verfassungsgrundsatz des Säkularismus (der Unabhängigkeit religiöser von politisch-sozialen Strukturen) die Vorstellung von einer natürlichen Vorherrschaft der Hindu-Mehrheit zu Lasten der Minderheiten

im ethnisch und religiös überaus vielschichtigen Indien verfolgt, wenngleich das BJP-Programm als recht diffus bezeichnet werden kann.

Die siegreiche *Bharatiya Janata Party* konnte 1996 allerdings nur eine Minderheitsregierung bilden, die schon nach
zwölf Tagen zurücktreten mußte, weil sie von den anderen Parteien nicht unterstützt wurde. Der BJP folgte im Juni die Mitte-
Links-Regierung der *Vereinigten Front* unter Deve Gowda und
ab April 1997 unter Kumar Gujral, der bis zu den Parlamentswahlen vom April 1998 Premierminister blieb. Bei diesen
durch Anschläge überschatteten Parlamentswahlen (die, wie
üblich, in Etappen erfolgen mußten, weil sich nur so mehr als
hunderttausend Sicherheitskräfte und Wahlbeamte zu den
Wahllokalen transportieren lassen) ging es um die Zukunft der
Kongreßpartei: der Partei Nehrus und Mahatma Gandhis (mit
dem die im Wahlkampf herausgestellte Sonia Gandhi, die aus
Italien stammende Schwiegertochter Indira Gandhis, nicht
verwandt ist), sowie um die Frage, ob es der BJP diesmal gelin-
gen werde, die Regierung zu übernehmen. Aus den Parlamentswahlen ging die hindu-nationalistische *Bharatiya Janata
Party* als die stärkste Partei hervor. Neuer Premierminister
wurde ihr Vorsitzender Atal Behari Vajpayee, der jedoch mit
seiner Koalitionsregierung der *Hindutva-Front* nach 13 Monaten Amtszeit (im April 1999) bei einer parlamentarischen Ver-
trauensabstimmung knapp unterlag und daraufhin den Rücktritt seines Kabinetts erklärte. Nachdem es der Kongreßpartei
und ihrer Vorsitzenden, Sonia Gandhi, nicht gelungen war, die
notwendige Unterstützung im Parlament für eine Minderheitsregierung zu erhalten, blieben nur kostspielige Neuwahlen in einem der ärmsten Länder der Welt – die dritten innerhalb von drei Jahren.

VI. Die Entwicklungsgesellschaften Nordafrikas und des Nahen Ostens

In der Region Nordafrika/Naher Osten bestehen historische, kulturelle und politische Zuordnungsprobleme, die dafür sprechen, die Auswahl der darzustellenden politischen Systeme pragmatisch zu treffen. Würde man beispielsweise die Region als „islamisch-orientalische Welt" bezeichnen, so müßten nicht nur Mauretanien und der Sudan, sondern – neben den zentralasiatischen Republiken – auch Afghanistan und Pakistan in die Region einbezogen werden. Demgegenüber erfolgt hier eine Begrenzung auf fünf politische Systeme und eine (der Zielsetzung des nachfolgenden Kapitels entsprechende) Ergänzung: in bezug auf das politische System der Türkei. Die beiden ersten Kapitel dieses Abschnitts konzentrieren sich zum einen auf die islamischen politischen Systeme, von denen die des Iran und Saudi-Arabiens beispielhaft herausgestellt und mit dem politischen System der Türkei kontrastiert werden, und zum anderen auf zwei exemplarische politische Systeme der Maghreb-Staaten: auf die Marokkos und Tunesiens. Das dritte Kapitel befaßt sich in einem Exkurs mit dem politischen System Israels.

Die Islamische Republik Iran, das Königreich Saudi-Arabien und die Türkische Republik

Politik im Zeichen der Re-Islamisierung – so lautet ein gängiges Schlagwort, bei dem man vor allem an die Revolution im Iran vom Februar 1979 denkt. Dieses Ereignis, das zum Sturz der iranischen Monarchie und zur Errichtung der Islamischen Republik Iran führte, war jedoch kein isoliertes Phänomen. Es gründet in der von der Pahlewi-Dynastie beherrschten Geschichte des Landes, und es kann mit einer anderen „Revolution" im 20. Jahrhundert kontrastiert werden: mit der Kemal Atatürks, der – ebenso entschieden wie Ayatollah Khomeini die Vereinheitlichung – den Laizismus, die Trennung des religiösen und des politischen Bereichs, geltend machte und in der Türkei realisierte[30]. Die Islamische Republik Iran stellt nicht – wie von Khomeini betont – *das* Vorbild für eine legitime Ordnung der islamischen Welt dar. Ein Rückblick auf die islamische Vergangenheit zeigt die stete Suche nach einer religiös-politischen Grundlage eines islamischen Staatswesens. Die Revolution vom Februar 1979 verdeutlicht jedoch, daß westliche Entwicklungsmuster, wie sie von Atatürk aufgegriffen wurden, ebensowenig eine Anleitung bieten können wie das Beispiel des konservativen islamischen Systems in Saudi-Arabien, das zugleich die Stammesgesellschaft der Arabischen Halbinsel reflektiert.

In dem von Ayatollah Khomeini bestimmten Jahrzehnt wurden wesentliche Grundlagen gelegt, die noch das heutige islamische Regime des *Iran* prägen. Der Kerngehalt der Islamischen Republik ist die Herrschaft des anerkannten *Gottesgelehrten*, wie sie in der Verfassung vom Dezember 1979 betont wird – einer Verfassung, die das schiitische Staats- und Herrschaftsverständnis (in khomeinistischer Ausprägung) widerspiegelt. In der Islamischen Republik stehe (so lautet der 5. Verfassungsgrundsatz) während der Abwesenheit des entrückten 12. Imam der Führungsauftrag (*Imamat*) und die Führungsbefugnis in den Angelegenheiten der islamischen Gemeinschaft dem gerechten, gottesfürchtigen, über die Erfordernisse der Zeit informierten, tapferen, zur Führung befähigten Rechtsgelehrten zu, der von der Mehrheit der Bevölkerung als islamischer Führer anerkannt und bestätigt wurde. Nach diesem Grundsatz zielte die von Khomeini ausgerufene Revolution darauf ab, eine islamische Ordnung zu errichten, wie sie unter dem Imam Ali (656–661 n. Chr.) bestand. Die Verfassung benennt den Islam (zwölfer-schiitischer Ausprägung) als die offizielle Religion des Iran, sie unterstreicht die dominierende Rolle der Geistlichkeit über die staatlichen Institutionen und sieht im *islamischen Recht* die Grundlage des Rechtswesens. Insgesamt hatte nach der Verfassung von 1979 der *Islamische Führer*, also Ayatollah Khomeini selbst, die ausgeprägtesten Befugnisse in allen politischen Bereichen inne.

Es zeugt für den Weitblick Khomeinis, daß er kurz vor seinem Tod einen Rat zur Revision der Verfassung bilden ließ, um die Islamische Republik mit ihrer charismatischen Grundlage in stärker institutionelle Bahnen zu leiten, und daß er sich für den damaligen Staatspräsidenten Hojjatoleslam Khamenei als seinen Nachfolger einsetzte. Dieser wurde noch am Abend des 3. Juni 1989 (des Todestages Khomeinis) vom Expertenrat zum Islamischen Führer gewählt. Knapp zwei Monate später, Ende Juli 1989, trat die revidierte Verfassung der Islamischen Republik Iran in Kraft, die die Aufgaben und Befugnisse des *Islamischen Führers* neu bestimmt. Zusätzlich zu den bisherigen Aufgaben (Ernennungsbefugnisse für Inhaber höchster Ämter in Justiz, Armee und Wächterrat) werden ihm die politische Richtlinienkompetenz sowie die Kontrolle der drei Gewalten im Staat übertragen. Eingeschränkt sind diese starken Machtbefugnisse allerdings dadurch, daß Khamenei die Richtlinienkompetenz nach Beratung mit dem *Rat zur Feststellung des Interesses des Systems* durchzuführen hat[31]. Dieser Rat besteht derzeit aus 18 ständigen Mitgliedern. Von ihnen werden die geistlichen Mitglieder des Wächterrats, die Spitzen der drei Gewalten und der Innenminister als namentlich nicht benannte Amtsträger und acht weitere Mitglieder namentlich berufen. Neben seiner Funktion der Beratung des Islamischen Führers kommt dem Rat zur Feststellung des Interesses des Systems im Gesetzgebungsverfahren eine wichtige Funktion zu. Da aus der khomeinistischen Verfassung der *Wächterrat* (mit sechs vom Islamischen Führer ernannten religiösen Rechtsgelehrten und mit sechs vom Parlament auf Vorschlag des Obersten Justizrats gewählten sonstigen Juristen) mit seiner Aufgabe übernommen wurde, die vom Parlament vorgeschlagenen Gesetzentwürfe auf ihre Übereinstimmung mit den Prinzipien des islamischen Rechts zu prüfen, wird der Rat dann tätig, wenn zwischen Parlament und Wächterrat keine Einigung zustande kommt.

Die zweite wichtige Verfassungsänderung betrifft die Exekutive. Gegenüber der von Khomeini beherrschten Phase der Islamischen Republik Iran, die einen vom Volk gewählten Staatspräsidenten und einen von diesem bestimmten Ministerpräsidenten kannte, weicht die neue Verfassung von diesem Dualismus ab. Um die Stellung des Staatspräsidenten zu stärken, wurde das Ministerpräsidentenamt abgeschafft. Der unmittelbar vom Volk auf vier Jahre gewählte *Staatspräsident* wählt nunmehr als Regierungschef die *Minister* (mit Ausnahme des Justizministers) aus, er stellt das Kabinett dem *Parlament* vor, um ein Vertrauensvotum zu erhalten, und ist selbst wie seine Minister dem Parlament verantwortlich. Wenn dieses ihm auch mit Zweidrittelmehrheit das Mißtrauen aussprechen kann, so läßt sich doch de facto von einer Stärkung des Präsidenten sprechen, da er sich neben den Ministern einen Kreis enger Mitarbeiter für wesentliche Staatsaufgaben zulegen kann, der dem Parlament nicht verantwortlich ist.

Berücksichtigt man noch die Befugnis des Islamischen Führers, das *Oberhaupt der Justiz* (für die Wahrnehmung der Verantwortlichkeiten der Judikative) direkt zu ernennen, sowie die Befugnis des Oberhaupts der Justiz, den Präsidenten des Obersten Gerichtshofs und den Generalstaatsanwalt (nach Beratung mit der Richterschaft) zu ernennen, was zuvor nur der Islamische Führer vermochte, so zeigt sich die neue Verfassungs- und Staatsstruktur: Die Position des Islamischen Führers ist vor allem dadurch schwächer geworden, daß er sich bei seiner politischen Richtlinienkompetenz mit dem Rat zur Feststellung des Interesses des Systems zu beraten hat. Dagegen ist die Position des Staatspräsidenten stärker geworden, da er über die konzentrierte Macht der Exekutive verfügt. Diese Bipolarität verlangt einen weitgehenden Konsens zwischen dem Islamischen Führer und dem Präsidenten der Islamischen Republik.

Daß sich ein solcher Konsens nicht durchgehend reibungslos einstellt, hat sich immer wieder gezeigt. Während Khamenei und Rafsandschani mit seinem pragmatischen Kurs weithin einvernehmlich zusammenarbeiten konnten, bahnte sich mit den Präsidentschaftswahlen vom Mai 1997 ein Spannungsverhältnis an. Der Amtsinhaber, Hashemi Rafsandschani, konnte aus Verfassungsgründen nicht nochmals kandidieren. Und so strebten sowohl der als gemäßigt geltende frühere Kultusminister Mohammed Khatami als auch der Parlamentspräsident Nateq Nuri, der vom Regime offiziell herausgestellte Kandidat, die Präsidentschaft an. Wie im Falle Rafsandschanis, der von 1981 bis 1989 Parlamentspräsident war, galt dieses Amt als eine gute Startposition. Im Mai 1997 kam es dann zwischen dem Parlamentspräsidenten Nuri, der vor allem die konservative politische Führungsschicht hinter sich wußte, und Khatami, auf den vor allem die Erneuerer und die Intellektuellen setzten, zu einem intensiven Zweikampf um die Präsidentschaft, den Khatami gewann. Er erhielt mehr als die Zweidrittelmehrheit der Stimmen (bei 80 Prozent Wahlbeteiligung). Das Ergebnis zeigt, daß es im Iran mittlerweile möglich ist, einen anderen Kandidaten als den vom Regime ausdrücklich gewünschten und amtlich angepriesenen in das höchste Staatsamt nach dem des Islamischen Führers zu wählen. Von Demokratie läßt sich hierbei nicht sprechen, wohl aber von einer Wahlfreiheit, die in den Nachbarstaaten der Islamischen Republik Iran gar nicht erst besteht.

Das islamische System in *Saudi-Arabien* ist eine Monarchie der Söhne (und Enkel) von König Abd al-Aziz Al Sa'ud (Ibn Saud), der den saudischen Staat 1932 gründete. Die Regierungsgewalt beruht auf dem Koran und der Sunna, beide bilden die Rechtsbasis des seit März 1992 bestehenden Grundgesetzes des Königreichs, worauf noch einzugehen ist. Das saudische Regime ist trotz seines autokratischen Herrschaftsstils keine absolute Monarchie, denn der *König* ist prinzipiell an das islamische Recht, die Sharia, gebunden. Es läßt sich eher vage als eine konstitutionelle Monarchie bezeichnen, denn das erwähnte Grundgesetz benennt im Bereich der Menschenrechte immerhin die Prinzipien, die gegenüber dem Staat eingeklagt werden können. Dem *Ministerrat* (mit dem König als Premierminister) steht seit 1992 ein *Konsultativrat* (*Majlis Ash Shura*) zur Seite, dem ein Vorsitzender und weitere 60 vom König ernannte Mitglieder angehören und dem im wesentlichen eine beratende Funktion zukommt. Damit bleiben das saudische Herrscherhaus und die Klientel-Beziehungen der Mitglieder der Dynastie von ausschlaggebender Bedeutung für das politische System[32]. Das Herrscherhaus, die weit verzweigte königliche Familie, nimmt die wichtigsten politischen Positionen im saudischen Regime ein. So leiten die Mitglieder der

Dynastie die Schlüsselministerien und handeln stellvertretend für den König in den meisten Provinzen des Staates. Enge Verbündete des Herrscherhauses sind die *Stammesscheichs*, die vor allem auf lokaler Ebene eine bedeutsame Funktion innehaben. Hinzu kommen die *Religionsgelehrten (Ulama)*, die eine wichtige Rolle bei der Interpretation des Islam gemäß den Interessen der Monarchie spielen. Mit ihnen wirkt die *Religionspolizei* zusammen, die die Einhaltung der religiösen Bestimmungen überwacht. Im übrigen ist der *König* geistiges und weltliches Staatsoberhaupt und höchster Stammesfürst.

Nachdem sich das saudische Herrscherhaus jahrzehntelang geweigert hatte, eine Verfassung zu erlassen und eine politische Öffnung des Systems herbeizuführen, erklärte sich König Fahd ein Jahr nach dem Golfkrieg von 1991 (während dessen die USA als engste Verbündete den Schutz des Königreichs übernahmen) dazu bereit. Den internen Anstoß dazu bildeten zwei Petitionen aus dem Kreis des saudischen Regimes, wodurch die Reformnotwendigkeit des politischen Systems noch unterstrichen wurde. Im Februar 1991 erhoben hohe Beamte und Geschäftsleute die Forderung nach einer Liberalisierung des saudischen Regimes. Meinungsfreiheit und Partizipation standen im Mittelpunkt. Und im Mai 1991 forderten 400 *Ulama* den König auf, in allen politischen Bereichen die Prinzipien des Islam aufrechtzuerhalten. Namentlich die Beseitigung von Korruption und Nepotismus, aber auch die Bildung des erwähnten Konsultativrates wurden genannt.

Das am 1. März 1993 bekanntgegebene *Gesetzeswerk* teilt sich in vier Einzelgesetze auf: Neben dem Gesetz für die Provinzen entstand das Grundgesetz für das Regieren, das Gesetz für den Ministerrat und das Gesetz für den Konsultativrat (*Majlis Ash Shura*). Von diesen vier Einzelgesetzen ist das *Grundgesetz für das Regieren*, das eine *Verfassung* darstellen soll, das wichtigste. Es verweist im ersten Kapitel auf die islamische Identität des Königreichs. Im zweiten Kapitel stellt das Gesetz den Koran und die Sunna des Propheten als die Grundlagen der saudischen Monarchie heraus. Und im sechsten Kapitel findet sich die Bestimmung, daß sich die Staatsgewalten aus exekutiver, organisatorischer und judikativer Gewalt zusammensetzen und daß der König die letzte Entscheidungsinstanz bildet. Die sogenannte organisatorische Gewalt, die die Legislative darstellt, soll Gesetze und Verordnungen schaffen, die die Interessen des Staates sichern und Schaden von ihm wenden – nach den Bestimmungen der Sharia. Diese herausgehobene Gewaltenteilung wird schließlich dadurch wieder aufgehoben, daß die Gesetzgebungskompetenz beim König angesiedelt ist, dessen Rechte darüber hinaus von der Ernennung und Entlassung der Minister und Offiziere bis zur Einsetzung und Auflösung des Konsultativrates reichen. Dieser aus Vertretern der öffentlichen Verwaltung, der Geschäftswelt, des Militärs und der Stämme bestehende Konsultativrat kann zwar über seine beratende Funktion hinaus seine Zustimmung zu den Beschlüssen des Ministerrats verweigern, ist danach aber an die Entscheidung des Königs gebunden. Ähnlich wie bei der legislativen und exekutiven Gewalt verfährt die Verfassung bei der judikativen Gewalt: bei der von ihr herausgestellten Unabhängigkeit der Richter und dem Prinzip der unabhängigen Gerichtsbarkeit, die jedoch unter die Bestimmungen der Sharia gestellt werden. Da die Exegese der Sharia den *Ulama* vorbehalten ist, kommt die judikative Gewalt der wahhabitischen Geistlichkeit zu, die traditionell mit dem saudischen Herrscherhaus in enger Koalition verbunden ist.

Die Tatsache, daß das Gesetzeswerk vom März 1993 nur – was König Fahd selbst vermerkte – die bisherige Herrschaftspraxis des saudischen Systems festschreibt, hat dazu beigetragen, daß sich eine islamistische Opposition herausbildete, die von den saudischen Schiiten getragen wird. Von dieser Opposition wird der Wertekonflikt zwischen der islamischen Tradition und der Verwestlichung des Königshauses – das Doppelleben vieler herausragender Vertreter des autokratischen Regimes, die hinter der islamischen Fassade ein westliches Leben führen – in den Mittelpunkt einer Kritik gestellt, die den Nährboden für Terrorakte auf US-amerikanische Einrichtungen bildete. Trotz dieser Anschläge und zunehmender Klagen über soziale Ungerechtigkeit erscheint die Stabilität des Landes (schon aufgrund der US-amerikanischen Erdöl-Interessen) jedoch nicht gefährdet.

Der Kemalismus als eine dem Khomeinismus entgegengesetzte Staats- und Islaminterpretation läßt es interessant erscheinen, das politische System der *Türkei* in einen Abschnitt über Entwicklungsgesellschaften aufzunehmen, zu denen sie im hier gemeinten Sinne nicht zählt. Mustafa Kemal Atatürk, der erste Staatspräsident der Türkischen Republik, zielte mit der Abschaffung des Kalifats 1924 (dem bereits 1922 die Aufhebung des Sultanats vorausging) auf die uneingeschränkte Staatssouveränität durch die Trennung von Religion und Staat. Mit dem Kalifat wurde jene traditionelle Institution entfernt, die im Islam die Einheit der Gemeinde der Gläubigen versinnbildlicht. Die Türkische Republik erhielt eine moderne Verfassung, der gesellschaftliche Einfluß der Imame wurde ausgeschaltet, und der Islam bildete nicht länger die Staatsreligion, sondern wurde zur privaten Angelegenheit. Die Bevölkerung, für deren Großteil Kemal Atatürk ein charismatischer Führer war, der tief verehrt wurde (der emotionale Gehalt des Titels „Vater der Türken" wirkt bis heute fort), erhielt anstelle der islamischen Gesetze westeuropäische Zivil- und Strafrechtsnormen. Kurz, in der Zeit von 1923 bis 1929 wurden – ungeachtet des Widerstandes theokratischer Kreise, die die religiösen Gerichtshöfe und Ausbildungsstätten beizubehalten suchten – tiefgreifende kulturelle, politische und wirtschaftliche Neuerungen eingeführt. Das Programm der 1923 von Kemal Atatürk geschaffenen Staatspartei, der Republikanischen Volkspartei, beinhaltete u. a. die Errichtung eines türkischen Nationalstaates (und damit den Nationalismus) sowie den Laizismus: die erwähnte Trennung von Staat und Religion. Das Prinzip des Laizismus wurde auch verfassungsmäßig verankert. Der Türkische Staat, so die Verfassung von 1928, sei republikanisch, nationalistisch, etatistisch und laizistisch.

Die Demokratisierung nach dem Zweiten Weltkrieg wirkte sich auch auf den Kemalismus als das bis dahin verfolgte Leitprogramm zur Modernisierung der Türkei aus. Man begann damit, den Kemalismus dem gesellschaftlichen Wandel anzupassen. Neben der Demokratischen Partei (DP) erstrebte namentlich die Gerechtigkeitspartei (AP), den Kemalismus mit der islamischen Tradition zu vereinen, während er von der Republikanischen Volkspartei (CHP) eine sozialdemokratische Ausprägung erfuhr. Andere (Partei-)Richtungen entfernten sich vom Kemalismus und zielten (wie die Nationale Heilspartei) auf eine islamische Ordnung. Im Gegensatz dazu hielt und hält das türkische Militär an kemalistischen Maximen fest – ein Militär, das in der Regierungszeit der Demokratischen Partei unter Adnan Menderes 1960 und während der Regierung der Gerechtigkeitspartei unter Suleiman Demirel 1971 und erneut 1980, also dreimal, die Macht ergriffen, sie jedoch nach kurzen Interimsregierungen wieder den zivilen Politikern übergeben hat. Die letzte Militärregierung erarbeitete sogar die heute noch gültige Verfassung der Türkei, die im November 1982 durch ein Referendum angenommen wurde.

Diese *Verfassung* erklärt die Türkische Republik zu einem dem Nationalismus Atatürks verbundenen und auf den demokratischen, laizistischen und sozialen Grundprinzipien beruhenden Rechtsstaat. Dem türkischen Parlament: der *Großen Nationalversammlung*, die aus 550 auf fünf Jahre gewählten Abgeordneten besteht, kommt neben ihren legislativen Aufgaben die Wahl des *Staatspräsidenten* für sieben Jahre (aus der Reihe ihrer Mitglieder) zu, dem die Verfassung eine starke Stellung einräumt. In seinem Amtseid vor der Großen Nationalversammlung (deren Mitglieder mit ganz ähnlichen Worten einen Schwur leisten) erklärt der Präsident u. a. seine Entschlossenheit, die uneingeschränkte und bedingungslose Souveränität der Nation zu schützen und der Verfassung, dem Primat des Rechts, der Demokratie, den *Prinzipien und Reformen Atatürks* sowie dem *Prinzip der laizistischen Republik* verbunden zu bleiben. Im Rahmen seiner legislativen Funktion kann er Gesetze an das Parlament zur erneuten Verhandlung zurückreichen und von der Großen Nationalversammlung vorgeschlagene Verfassungsänderungen einer *Volksabstimmung* unterbreiten sowie die Verfassungsmäßigkeit der Gesetze, der Rechtsverordnungen mit Gesetzeskraft und der Geschäftsordnung der Großen Nationalversammlung vor dem *Verfassungsgericht* anfechten. Im Rahmen seiner exekutiven Funktion ernennt der Präsident den Ministerpräsidenten (aus der Reihe der Mitglieder des Parlaments) und die von diesem bestimmten Minister. Er kann den Ministerrat sowie den Nationalen Sicherheitsrat einberufen und in beiden Gremien den Vorsitz übernehmen. Der *Ministerpräsident* gewährleistet als Vorsitzender des *Ministerrats* die Zusammenarbeit zwischen den Ministerien und beaufsichtigt die Durchführung der allgemeinen Politik der Regierung, die kollektiv verantwortlich zeichnet.

Ungeachtet des in der türkischen Verfassung an drei herausgehobenen Stellen (Artikel 2, 81 und 103 = Amtseid des Präsidenten) verankerten kemalistischen Prinzips des Laizismus breitet sich in der Türkei eine Re-Islamisierung aus[33]. Es kam nicht nur zur Wiedereinführung des Gebetsrufs in arabischer (nicht mehr türkischer) Sprache, zur Eröffnung von Koranschulen und zur Errichtung zahlreicher Moscheen. Die Re-Islamisierung erfolgte vor allem durch die Predigerschulen, deren zahlreiche Absolventen auch nichttheologische Studiengänge mit dem Ziel der Islamverbreitung belegen, durch die Tätigkeit des *Präsidiums für Religiöse Angelegenheiten* (*Diyanet*), das sich von einer Behörde zur *Kontrolle* islamischer Aktivitäten zu einer mächtigen Institution der *Förderung* des Islam in der Türkei gewandelt hat, und durch die Parteipolitik.

Hier war es die *Refah Partisi*: die islamistische Wohlfahrtspartei (RP), die bei den vorgezogenen Parlamentswahlen vom Dezember 1995 stärkste Kraft wurde und deren Vorsitzender Necmettin Erbakan im Juli 1996 (nach dem Scheitern der Minderheitsregierung Yilmaz) die Ministerpräsidentschaft einer Koalitionsregierung mit der Partei des Rechten Weges (DYP) von Tansu Çiller übernahm. Erstmals in der Geschichte der Türkischen Republik waren ein islamistischer Parteivorsitzender und eine antilaizistische Partei an die Regierung gelangt. Die beiden Koalitionspartner, die nur aus opportunistischen Gründen zusammenfanden, vertraten unterschiedliche

Positionen. Während Erbakan im Wahlkampf verkündete, die bisherige Politik der Westorientierung durch eine stärkere Hinwendung zur islamischen Welt abzulösen, war die pro-westlich orientierte frühere Ministerpräsidentin Çiller um eine EU-Mitgliedschaft der Türkei bemüht. Zum erstenmal nach 1980, nach der dritten Intervention des Militärs in der Türkei, kamen Spekulationen über die Möglichkeit eines erneuten Ein-greifens des Militärs auf, war man sich doch sicher, daß die Militärführung (die mehrmals die Entlassung zahlreicher „islamistischer" Offiziere wegen befürchteter Unterwanderung herbeiführte) eine Abschaffung der kemalistischen Grundlagen der Republik nicht akzeptieren würde. Die Militärführung nahm indes von einem Staatsstreich Abstand, bekräftigte je-doch an den staatlichen Feiertagen der Türkei ihre Loyalität zum laizistischen Staatsprinzip und ihre Ablehnung des politi-schen Islam.

Die Ministerpräsidentschaft Erbakans sollte nicht lange währen. Im März 1997 geriet die regierende Koalition zuneh-mend unter Druck, auch seitens der Presse, die eine massive Kampagne gegen die Koalititonsregierung führte. Mißtrauens-anträge wurden nur noch mit wenigen Stimmen abgewiesen. Und nachdem mehrere Abgeordnete die Partei des Rechten Weges (DYP) verlassen und die Koalition die absolute Mehr-heit verloren hatte, kam es zu einer Mitte-Links-Minderheits-regierung unter Mesut Yilmaz (ANAP) und danach zu einer Interimsregierung unter Bülent Ecevit (DSP) – bis zu den vor-gezogenen Parlamentswahlen im April 1999. Durch sie ge-langte die heutige Koalitionsregierung aus der Demokrati-schen Linkspartei (DSP), der Partei der Nationalistischen Bewegung (MHP) und der Mutterlandspartei (ANAP) unter Ministerpräsident Ecevit an die Macht. Erbakans Wohlfahrts-partei (RP) wurde im Januar 1998 wegen Antilaizismus und damit Verfassungswidrigkeit vom türkischen Verfassungsge-richt verboten. Ihre Nachfolgeorganisation, die islamistische Tugendpartei (FP), erreichte bei den April-Wahlen den dritten Platz.

Die Maghreb-Staaten: das Königreich Marokko und die Tunesische Republik

Djezira-t-al-maghreb: So bezeichneten die arabischen Eroberer die Region, die von der Libyschen Wüste bis zum Atlantik reicht. Sie grenzten damit die Insel des Westens (so die wörtliche Übersetzung) vom *machreq,* dem arabischen Osten, ab. Geographisch und kulturell umfaßt der Maghreb Algerien, Libyen, die Westsahara und Mauretanien sowie die hier interessierenden Staaten Tunesien und *Marokko:* das *westlichste* der drei Länder Nordafrikas, das deshalb (im engeren Sinne) als *al-maghreb* bezeichnet wird. In Marokko, das im März 1956 unabhängig wurde, ließ König Hassan II., der Sohn des absoluten Herrschers Muhammad V., eine erste Verfassung ausarbeiten, die 1962 durch einen Volksentscheid angenommen wurde. Die Verfassung kennzeichnete Marokko als eine konstitutionelle Monarchie, teilte dem König eine starke Machtposition zu und übertrug einem Zweikammerparlament begrenzte Gesetzgebungsbefugnisse, die erst durch die Verfassung von 1972 erweitert wurden. Mitte-Rechts-Parteien wurden gegründet, die als Königs-Parteien die Politik des Monarchen umsetzten und bei den Parlamentswahlen von 1977 und 1984 die absolute Mehrheit in der Repräsentantenkammer erlangten. Erst nach sozialen Unruhen aufgrund einer verfehlten Wirtschafts- und Sozialpolitik festigte sich 1991 das Oppositionsbündnis: der Demokratische Block, dem die USFP (*Union Socialiste des Forces Populaires*), die PRP (*Parti du Renouveau et du Progrès*) und die OADP (*Organisation de l'Action Démocratique et Populaire*) angehören. Der Demokratische Block erhob Forderungen nach einer weitreichenden Demokratisierung des marokkanischen Systems – Forderungen, denen König Hassan mit Verfassungsrevisionen sporadisch nachkam.

Nach der neuen *Verfassung* vom September 1992, in der traditionelle Elemente unverbunden neben modernen stehen, verkörpert Marokko eine konstitutionelle, demokratische und soziale Monarchie. Der Islam ist Staatsreligion; und der *König,* der als unverletzlich und heilig bezeichnet wird, ist Führer der

Gläubigen. Er ernennt den *Premierminister* und die von diesem vorgeschlagenen *Minister*, die dem König und dem Repräsentantenhaus verantwortlich sind. Der König führt den Vorsitz im *Obersten Rat der Richter und Staatsanwälte* und bestimmt sechs Mitglieder des *Verfassungsrats*, zu denen weitere sechs Mitglieder kommen, die vom marokkanischen Zweikammerparlament bestimmt werden, und zwar zur Hälfte vom Präsidenten des Repräsentantenhauses und zur Hälfte vom Präsidenten der Ratskammer. Von diesen beiden Parlamentskammern kommt dem *Repräsentantenhaus* (mit ursprünglich 333 Mitgliedern) die bei weitem größte Bedeutung zu. Es besteht zu zwei Dritteln aus direkt gewählten Mitgliedern und zu einem Drittel aus Mitgliedern, die von einem Wahlkollegium aus Vertretern der Gemeinderäte, der Berufskammern und der Arbeitnehmer gewählt werden. Das Recht der Gesetzesinitiative steht dem *Premierminister* und dem Repräsentantenhaus zu, das die *Regierung* für einen begrenzten Zeitraum ermächtigen kann, mit Dekreten Maßnahmen zu treffen, die normalerweise in den Bereich der Gesetzgebung fallen. Die Regierung vermag ihr Veto gegen einen Gesetzentwurf des Repräsentantenhauses einzulegen, das die Parlamentskammer unberücksichtigt lassen kann. In einem solchen Fall entscheidet der erwähnte Verfassungsrat.

Das Repräsentantenhaus kann dem Premierminister mit der absoluten Mehrheit der Mitglieder das Mißtrauen aussprechen; die gesamte Regierung tritt dann zurück. Zu erwähnen bleibt weiterhin, daß der König den Ausnahmezustand verhängen und das Repräsentantenhaus auflösen und daß er einen Gesetzentwurf, den er ablehnt, dem Volk zur Abstimmung unterbreiten kann. Die Volksentscheide spielen eine verhältnismäßig große Rolle. Sie werden offiziell als Kennzeichen der demokratischen marokkanischen Tradition herausgestellt. Man weist darauf hin, daß sich die marokkanischen Monarchen seit je dem vom Koran angeratenen Prinzip der *Shûrâ* (der Konsultation) verbunden gefühlt hätten. Dementsprechend obliege es auch den Parlamentariern, dem König als obersten Gesetzgeber die Vorstellung des Volkes zu unterbreiten[34].

Bei den ersten Parlamentswahlen (1993) nach der neuen Verfassung gewann die Opposition die 222 direkt gewählten Abgeordnetensitze des Repräsentantenhauses, während die 111 von einem Wahlkollegium (s. oben) gewählten Abgeordnetenmandate auf das Regimelager entfielen, das zusammen mit den 270 Mitgliedern der Ratskammer (die von regionalen Wahlkollegien aus Vertretern der Berufskammern und von einem überregionalen Wahlkollegium aus Vertretern der Arbeitnehmer gewählt werden) die Parlamentsmehrheit erlangte. Die Parteien des oppositionellen Demokratischen Blocks lehnten das Angebot einer Regierungsbeteiligung ab und verlangten eine liberalere Verfassung. Im September 1996 wurden dann auch per Volksentscheid Verfassungänderungen angenommen; wichtigstes Ergebnis ist die Bestimmung, das Repräsentantenhaus (mit inzwischen 325 Mitgliedern) nur noch *direkt* auf fünf Jahre nach dem Mehrheitswahlsystem zu wählen. Die darauf folgende Direktwahl zum Repräsentantenhaus vom November 1997 gewannen – trotz der fast gleich starken drei Parteienblöcke (Regierungsbündnis, Zentrum und Opposition) – die Kandidaten der oppositionellen USFP (*Union Socialiste des Forces Populaires*). Während der König bei der Eröffnung des neuen Parlaments im Dezember 1997 noch offen ließ, ob er seine Absicht wahrmachen und den neuen Premierminister aus der siegreichen USFP ernennen würde, fiel die Entscheidung im März 1998 für deren Vorsitzenden Abderrahman Youssoufi. Angesichts der verfassungsrechtlich beschränkten Position des Premierministers sind weitgesteckte Hoffnungen verfehlt. Gleichwohl zeigt sich in der Entscheidung Hassans die Absicht des Monarchen, die Opposition enger in die Regierungsverantwortung einzubinden. Nach seinem Tod im Juli 1999 führt nun sein ältester Sohn, König Mohammed VI., die von seinem Vater eingeleitete Entwicklung zu mehr Demokratie und Rechtsstaatlichkeit weiter.

In *Tunesien* wurde der Dekolonisierungsprozeß entscheidend durch Habib Bourguiba und seine auf Kooperation angelegte Politik geprägt – bis zur Unabhängigkeit Tunesiens im März 1956. Bourguiba wurde Staatspräsident; und die überragende Machtfülle, die ihm die 1958 und 1976 erlassenen Verfassungen einräumten, wurde durch Bourguibas absoluten Führungsanspruch in einer autoritären Gesellschafts- und Staatsstruktur noch ergänzt. Der Staatspräsident (zugleich Oberster Richter und Exekutivorgan) stützte sich hierbei auf die von ihm gegründete Regierungspartei PND bzw. PSD (*Parti Néo-Destourien*; von 1964–1988: *Parti Socialiste Destourien*). So war Tunesien über lange Jahre hinweg ein Einparteienstaat, in dem jegliche Partizipationsforderungen (Autonomiebestrebungen der Gewerkschaft oder sonstiger Organisationen) abgeblockt wurden. Der autoritär-repressive Führungsstil Bourguibas verschärfte sich (auch krankheitsbedingt) mit zunehmendem Alter und führte schließlich zur Absetzung des Präsidenten im November 1987. Ihm folgte der damalige Ministerpräsident Zine el-Abidine Ben Ali als Staatspräsident. Mehrere Verfassungsänderungen sollten, so Ben Ali, das Land in eine liberal-demokratische Zukunft führen.

Mit den Verfassungsänderungen vom Juli 1988, die die von Bourguiba eingeführte Präsidentschaft auf Lebenszeit abschafften und die Amtszeit des *Präsidenten* auf fünf Jahre (bei zweimaliger Wiederwahl) einschränkten, wurden die Machtbefugnisse des direkt vom Volk gewählten Präsidenten erneut relativ weit gefaßt: Neben seinen legislativen Kompetenzen (der Gesetzesinitiative, der Möglichkeit, Dekrete zu erlassen und der Deputiertenkammer ein Gesetz zur erneuten Beratung zurückzureichen, die dann mit einer Zweidrittelmehrheit abstimmen muß) verfügt der Präsident über entscheidende Befugnisse im exekutiven Bereich. Er ernennt und entläßt neben den hohen zivilen und militärischen Kadern den Premierminister sowie auf dessen Vorschlag die weiteren Mitglieder der Regierung und sitzt dem Ministerrat vor. Nur der Präsident bestimmt die substantiellen Richtlinien der Politik der Nation, die der *Premierminister* und die *Minister* auszuführen haben. Kontrollmöglichkeiten seitens der *Deputiertenkammer* (*Assemblée Nationale*) bestehen nicht. Deren Mitglieder können nur der Regierung mit einer Zweidrittelmehrheit das Mißtrauen aussprechen, wenn sie der Ansicht sind, daß die Richtlinien der

Politik nicht befolgt wurden. Die auf fünf Jahre zu wählende Deputiertenkammer (mit inzwischen 163 Mitgliedern, von denen nur 19 Mandate für die Opposition reserviert sind) wird von der neu benannten Regierungspartei RCD (*Rassemblement Constitutionnel Démocratique*) eindeutig beherrscht. Insgesamt deuten die Verfassungsänderungen vom Juli 1988 auf keine politische Öffnungsbereitschaft des Präsidenten Ben Ali hin.

Bei den ersten Parlamentswahlen (1989) nach den Verfassungsänderungen erlangte der RCD alle der damals noch 141 Sitze der Deputiertenkammer. Die Islamisten, die über Listen unabhängiger Wahlgemeinschaften kandidierten, errangen durchschnittlich 13 Prozent der Stimmen; die übrigen Parteien waren erfolglos. Erst die Parlamentswahlen vom März 1994 brachten eine geringe plurale Zusammensetzung der Deputiertenkammer. Die Regierungspartei (RCD) erlangte alle (nunmehr) 144 Direktmandate; die für die Oppositionsparteien reservierten 19 Sitze teilten sich vier Parteien (im Verhältnis 10/4/3/2). Ben Ali wurde mit 99 Prozent der Stimmen in seinem Amt bestätigt.

Insgesamt kann festgestellt werden, daß es nach wie vor der politische Bereich ist, der, gemessen an den Liberalisierungsversprechungen des Präsidenten, erhebliche Mängel aufweist. Die Hauptkritikpunkte beziehen sich auf die Stellung der Oppositionsparteien, die Pressefreiheit und die Einhaltung der Menschenrechte. Der erste Kritikpunkt, die Stellung der legalen Oppositionsparteien im Staat, ist allerdings von diesen Parteien (mit ihren internen Parteiquerelen) mitverschuldet und nicht allein dem Regime anzulasten. Der zweite Kritikpunkt zielt auf die Abschaffung des Staatssekretariats für Information sowie der damit verbundenen Pressezensur. Der dritte Kritikpunkt schließlich verdeutlicht sich in den Klagen der internationalen Menschenrechtsorganisationen und der tunesischen Menschenrechtler. Demgegenüber kann das Land in ökonomischer Hinsicht Entwicklungserfolge aufweisen; und die internationalen Banken bescheinigen Tunesien Kreditwürdigkeit. Die Frage ist allerdings weiterhin aktuell, ob Präsident Ben Ali zukünftig stärkere Möglichkeiten einräumt, die wirtschaftlichen Erfolge auch der breiten Bevölkerung nutzbar zu machen und ihren Forderungen nach mehr Demokratie nachzukommen.

Exkurs: Israel

Israel, das als ein erfolgreiches Schwellenland gelten kann, sich aber selbst nie zu den Entwicklungsgesellschaften gezählt hat, ist so etwas wie ein Staat sui generis. Das trifft sowohl für die Vorgeschichte zu als auch für den Konflikt zwischen Israelis und Palästinensern und die staatlich-territorialen Auseinandersetzungen zwischen Israel und seinen arabischen Nachbarstaaten, für die kulturelle und demographische Entwicklung (zu einer Orientalisierung der jüdischen Bevölkerung) und für seine Beachtung in der Welt. Was die Vorgeschichte anbelangt, so bildete sich Ende des 19. Jahrhunderts in Europa die jüdische nationale Bewegung des Zionismus heraus, der als Reaktion auf die Verfolgung der Juden in Osteuropa und auf deren Unterdrückung in der westeuropäisch-christlichen Diaspora verstanden werden muß. Vorrangiges Ziel des Zionismus war die Errichtung eines eigenständigen jüdischen Staates in Palästina – auf der Grundlage seiner normativen politischen Geographie, die das im Alten Testament von Gott *verheißene* (nicht eindeutig begrenzte) *Land der Väter* umfaßt. Nach dem Ersten Weltkrieg fiel Palästina als Völkerbundmandat an Großbritannien, das sich in der Balfour-Deklaration von 1917 für die Schaffung einer nationalen Heimstätte für das jüdische Volk in Palästina aussprach und zu diesem Zweck die zionistische Einwanderung erleichterte. In den zwanziger und dreißiger Jahren gelang es den Zionisten, in Palästina – dem historischen Land Israel (*Eretz Israel*) – einen weitgehend eigenständigen Staat im Staate zu errichten. Gegen diesen *zionistischen Siedlungskolonialismus* wuchs die palästinensische Widerstandsbewegung, die für die arabische Mehrheit des Landes einen unabhängigen Staat Palästina forderte. Als nach dem Zweiten Weltkrieg die britische Administration den Bürgerkrieg zwischen Juden und Palästinensern nicht einzudämmen vermochte, übergab Großbritannien die Verantwortung für das Mandatsgebiet den Vereinten Nationen. Diese beschlossen die Teilung Palästinas in je einen unabhängigen arabischen und jüdischen Staat; Jerusalem sollte internationaler Kontrolle unterstellt werden. Der Teilungsplan scheiterte an mangelnder Durchsetzbarkeit. Im Mai 1948 rief David Ben-Gurion (der spätere erste Ministerpräsident) den jüdischen Staat aus: Israel.

Die historische Entwicklung ist eine Ursache dafür, daß Israel keine geschriebene Verfassung im klassischen Sinne hat. Die Erste Knesset, als die sich im Februar 1949 die Verfassungsgebende Versammlung konstituierte, übertrug deren Kompetenz auf ihre Nachfolgeparlamente; sie beschloß im sogenannten Harari-Kompromiß vom Juni 1950 (infolge eines Grundsatzstreits über den Geltungsbereich religiöser Gesetze), im Laufe der Zeit einzelne Grundgesetze zu erlassen, deren Gesamtheit die Funktion einer Verfassung erfüllt.[35] 1958 kam das Knessetgrundgesetz zustande. Dem folgten u.a. die Grundgesetze über den Präsidenten und die Regierung sowie das Grundgesetz über die Justiz, das die Kompetenzen des Obersten Gerichtshofes und des Generalstaatsanwalts regelt. Nach dem Sechstagekrieg von 1967, in dem Israel Territorien eroberte, die um ein vielfaches größer waren als sein bisheriges Staatsgebiet, erweiterte die Knesset das Neuordnungsgesetz (*Law and Administration Ordinance*) dahingehend, daß Recht, Gerichtsbarkeit und Verwaltung des Staates auf das Gebiet von Eretz Israel angewandt werden, welches die Regierung festsetzt. Im Juni 1967 wurde Ost-Jerusalem annektiert; im Juli 1980 (nach dem Abkommen von Camp David vom September 1978) verabschiedete die Knesset ein Grundgesetz, das Jerusalem zu Israels *unteilbarer Hauptstadt* bestimmte. Im Dezember 1981 wurden die Golan-Höhen israelisches Rechtsgebiet. Im März 1992 schuf das israelische Parlament nach langen Debatten einen Menschenrechtskatalog; und im selben Jahr wurde das Verhältniswahlsystem mit der relativ geringen Hürde einer 1,5-Prozent-Klausel versehen und die Direktwahl des Ministerpräsidenten eingeführt.

Nach dem *Knessetgrundgesetz* kommen dem israelischen Einkammerparlament in Jerusalem (mit 120 Mitgliedern) zwei Funktionen zu: Die Knesset verfügt zum ersten über die doppelte Kompetenz als Gesetz- und als Verfassungsgeber. Dies erklärt sich aus dem, was über die Erste Knesset angemerkt wurde. Die Gesetzesinitiativen können von der Regierung und von den Parlamentariern ausgehen. Hierbei dominiert inzwischen – wie bei den meisten politischen Systemen – die Exekutive, von der über 90 Prozent der Gesetzesvorlagen in die Knesset eingebracht und nach einer ersten Lesung an die Ausschüsse überwiesen werden, die einen Großteil der Parlamentsarbeit verrichten. Zum zweiten ist die Knesset Kontrollinstanz der Regierung, sie hat das Haushaltsbewilligungsrecht und kann Untersuchungsausschüsse einsetzen. Darüber hinaus wählt sie einen Staatskontrolleur, der vom Präsidenten auf fünf Jahre ernannt wird und nicht nur alle Bereiche der öffentlichen Verwaltung und der staatlichen Unternehmen überprüft, sondern auch als Ombudsman dient. In seiner Souveränität ist das Parlament durch die Durchsetzungskraft der Regierung, besonders des Ministerpräsidenten, ebenso eingeschränkt wie durch die (mit Korruption und Stimmenkauf verbundene) Macht der Parteien. Mit dem *Gesetz über die Direktwahl des Ministerpräsidenten* von 1992, die zur gleichen Zeit wie die Parlamentswahlen stattfindet und erstmals 1996 zum Tragen kam, hat die verfassungsrechtliche Ordnung Israels eine einmalige Prägung erhalten, ist Israel das einzige parlamentarische System mit einem direkt vom Volk gewählten Ministerpräsidenten, dem damit eine (systeminadäquate) eigenständige und der Knesset gleichrangige Legitimation zukommt. Er besitzt die Kompetenz, die Minister seiner (der Knesset kollektiv verantwortlichen) Regierung auszuwählen, sie (mit Zustimmung der Knesset) zu ernennen und eigenständig zu entlassen. Der Ministerpräsident, der über umfangreiche Vollmachten (vor allem in der Außen- und Sicherheitspolitik) verfügt, kann durch eine Mehrheit von 80 Knesset-Mitgliedern abberufen und durch einen parlamentarischen Mißtrauensantrag (mit einer Mehrheit von 61 Stimmen) abgewählt werden. Im letzteren Fall finden gleichzeitig Parlamentswahlen statt. Auch kann der Ministerpräsident die Knesset im Einverständnis mit dem Präsidenten auflösen, womit ebenfalls gleichzeitige Neuwahlen von Ministerpräsident und Knesset verbunden sind. Im Gegensatz zum Amt des Regierungschefs billigt das *Grundgesetz für den Präsidenten* von 1964 diesem vorwiegend repräsentative Funktionen zu. Das durch die Knesset für fünf Jahre gewählte Staatsoberhaupt unterzeichnet die von der Knesset verabschiedeten Gesetze und vollzieht u.a. die formelle Ernennung der Richter des Obersten Gerichtshofes und anderer Gerichte sowie des Staatskontrolleurs und des Präsidenten der Zentralbank. Erst durch seinen derzeitigen Amtsinhaber Ezer Weizmann erfuhr das Präsidentenamt eine Aufwertung. Weizmann bildete in bezug auf den forcierten bzw. stagnierenden Friedensprozeß ein Gegengewicht zur Politik der jeweiligen Regierung.

In diesem Friedensprozeß standen und stehen sich die *Tauben* und *Falken* gegenüber: die Kompromißbereiten und deren Kontrahenten in der Palästinenser-, Gebiets- und Siedlungspolitik. Wenngleich die Trennungslinie zwischen den beiden Gruppierungen weitgehend nicht *zwischen* den Parteien, sondern *in* ihnen verläuft, lassen sich die Führer und Wähler der Arbeitspartei den Tauben (mit dem Grundsatz: Frieden *statt* Gebiete) und die Funktionäre und Anhänger des Likud den Falken (mit dem Grundsatz: Frieden *mit* Gebieten) zuordnen. So nimmt es nicht wunder, daß es schon bald nach der Rückkehr der Arbeitspartei in die Regierungsverantwortung (Juli 1992) unter Ministerpräsident Jitzchak Rabin und Außenminister Shimon Peres zum Abschluß des Gaza-Jericho-Abkommens (*Declaration of Principles*) zwischen Israel und der PLO im September 1993 in Washington kam: zu einer bedeutsamen Etappe auf dem Weg zu einem Frieden im Nahen Osten. Nach der Ermordung Rabins durch einen jüdischen Extremisten im November 1995 versuchte Ministerpräsident Peres, die damit verbundene öffentliche Stimmung zu nutzen, indem er sich zu vorzeitigen Neuwahlen entschloß. Der Wahlkampf wurde zu einer persönlichen Entscheidung zwischen

Peres, der sich auf die Fortsetzung des Friedensprozesses konzentrierte, und dem Vorsitzenden des Likud-Blocks Benjamin Netanjahu, der die Sicherheitsängste vieler Israelis beschwor, und endete anders als erwartet. Im Mai 1996 wurde Netanjahu mit einer knappen Mehrheit zum Ministerpräsidenten gewählt – ein Mann, der mit seiner national-religiösen Regierungskoalition alsbald scheitern sollte. Die Verhandlungen mit den Palästinensern im Friedensprozeß wurden immer wieder ausgesetzt, die religiöse und die politische Spaltung im jüdischen Staat nahm ebenso überhand wie die Kontroversen zwischen den Koalitionspartnern und im Likud. Und schließlich schwand die Regierungsmehrheit in einem Maße, das Netanjahu zur Ankündigung von Neuwahlen veranlaßte, um ein Mißtrauensvotum zu verhindern.

Diese vorgezogenen Neuwahlen fanden im Mai 1999 statt. Nachdem drei der insgesamt fünf Kandidaten für das Amt des Ministerpräsidenten ihre Bewerbung zurückgezogen hatten, standen sich nur noch Netanjahu und der neue Vorsitzende der Arbeitspartei (und ehemalige Generalstabschef) Ehud Barak gegenüber. Die Wahlen endeten mit einem erdrutschartigen Sieg für Barak (56 gegen 44 Prozent der Stimmen). Barak rief unmittelbar nach seinem Wahlsieg auf dem Rabin-Platz im Zentrum von Tel Aviv sein Land zur Einheit sowie zur Wiederbelebung des Friedensprozesses auf und erinnerte an Jitzchak Rabin, dessen Visionen er verwirklichen werde.

VII. Die Entwicklungsgesellschaften Schwarzafrikas

Die politischen Systeme der Länder südlich der Sahara

Die Länder im subsaharischen Afrika zeigen zwei gegensätzliche Tendenzen[36]: politische Liberalisierung und Demokratisierung (bis zur Konsolidierung) einerseits, Staatszerfall und überhandnehmende Gewalt (Sezession und Bürgerkrieg) andererseits. Die letztgenannte Tendenz verdeutlicht sich in Kongo-Zaire und Angola sowie in den ärmsten Entwicklungsgesellschaften der Vierten Welt (LLDCs): Liberia, Sierra Leone, Tschad, Ruanda und Burundi. Besonders aufschlußreich ist die Ländergruppe, in der politische Reformen in Richtung auf Mehrparteiendemokratien und Rechtsstaatlichkeit angestrebt wurden. Hierzu zählen Benin, Burkina Faso, Gabun, Kamerun, Kenia, Kongo-Brazzaville, Mali, Sambia, Sierra Leone, Togo, Zaire, die Côte d'Ivoire und die Komoren. Von diesen Staaten, die eine Liberalisierung begonnen hatten, wurde in Togo, Zaire, Kongo-Brazzaville, Kamerun und in Kenia der Systemwechsel *von oben* gewaltsam abgeblockt; und in den Ländern Sierra Leone, Kongo-Brazzaville und Burundi kam es zu Militärputschen, die die jeweiligen demokratischen Freiheitsrechte wieder abschafften. So verblieben nur die Länder Benin, Burkina Faso, Sambia, Gabun und die Côte d'Ivoire. Zu ihnen sind sechs südafrikanische Staaten zu zählen, die 1994 und 1995 Mehrparteienwahlen abgehalten haben, nämlich – neben Südafrika – Malawi, Botswana, Mosambik, Namibia und Simbabwe, wo allerdings der demokratische Systemwechsel durch die autoritäre Politik Robert Gabriel Mugabes stagniert. Andererseits war es in drei der aufgeführten Fälle auch möglich, einen Verfassungskompromiß zu erreichen, freie Wahlen durchzuführen und einen Bürgerkrieg zu beenden: in Namibia und Mosambik, wo eine doppelte Transition vom Kriegs- zum Friedenszustand und von der Diktatur zu einem demokratischen System erfolgte. Hinzu kommt die Republik Südafrika, in der es gelungen ist, nach jahrhundertelanger Diskriminerung der schwarzen Mehrheit und über vierzig Jahren Apartheid den Übergang zur Demokratie zu erreichen.

Die ostafrikanischen Republiken Kenia und Tansania

Die beiden Länder Kenia und Tansania, die geographische und historische Gemeinsamkeiten aufweisen, haben seit ihrer Unabhängigkeit unterschiedliche politische Entwicklungen erfahren: beim politischen Wandel und bei der demokratischen Öffnung, die mit Zurückhaltung beurteilt werden muß. Deutlich zeigt sich dies in *Kenia*, dessen politisches System zunächst dargestellt werden soll. Das ostafrikanische Land mit rund vierzig Ethnien erlangte 1963 die Unabhängigkeit unter Jomo Kenyatta, dem Vorsitzenden der KANU-Partei (*Kenia African National Union*), der ein autoritäres System der Patronage errichtete und keinerlei Opposition zuließ. Faktisch bestand eine Einparteienherrschaft, die nach Kenyattas Tod (1978) sein Amtsnachfolger, der heute noch amtierende Präsident Daniel arap Moi, durch eine Verfassungsänderung (1982) rechtlich verankerte. Moi setzte die autoritär-repressive Politik Kenyattas fort[37]. Menschenrechtsverletzungen, Restriktionen bei den Bürgerrechten und in der Judikative: Dies waren die politischen Praktiken in den achtziger Jahren. Die KANU entwickelte sich zum Staat im Staate und schränkte die Neutralität der Verwaltung und der Gerichte ein. Ende der achtziger Jahre konstituierte sich gegen das Regime eine Oppositionsbewegung vor allem aus Juristen und Kirchenvertretern, aber auch aus KANU-Dissidenten. Diese und die westlichen Geberländer erreichten schließlich, daß Präsident Moi ein Mehrparteiensystem zuließ. Die Verfassungsklausel über das Einparteiensystem wurde 1991 vom Parlament aufgehoben. Drei größere Oppositionsparteien mit ethnisch-politischen Zügen entstanden: die *FORD-Asili-Party*, die *FORD-Kenia-Party* und die *Democratic Party (DP)*. Bei den Mehrparteienwahlen vom Dezember 1992, die noch unter dem Eindruck der KANU-Kontrolle standen, waren die Chancen der Opposition von vornherein gering. Die KANU und Moi gewannen die Wahlen;

Moi reichten bereits 36,4 Prozent der Stimmen für seinen Wahlsieg.

Der formale Übergang zum Mehrparteiensystem hat den autoritären Regierungsstil des Regimes nicht verändert. Kritik am Präsidenten und an der Regierung ist nicht erlaubt, politische Grundrechte sind weiterhin eingeschränkt. Nach der Verfassung von 1963 (mit mehreren Detailänderungen, zuletzt 1997) kommt dem direkt vom Volk für fünf Jahre gewählten Präsidenten die exekutive und faktisch auch die legislative Gewalt zu: Er bestimmt nach seinem Gutdünken die Minister sowie die höheren Beamten; und die Gesetze, die prinzipiell seiner Zustimmung bedürfen, können bei Ablehnung durch den Präsidenten nur mit den Gegenstimmen von 65 Prozent der Mitglieder der Nationalversammlung verabschiedet werden. Einzig eine grundsätzliche Verfassungsänderung könnte diese umfangreichen Kompetenzen des Präsidenten einschränken und einen politischen Öffnungs- und Demokratisierungsprozeß institutionell ermöglichen. Daß das Moi-Regime daran nicht interessiert ist, zeigt nicht zuletzt die ablehnende Haltung gegenüber jener Modellverfassung, die im Oktober 1994 von Juristen- und Menschenrechtsorganisationen erarbeitet wurde. Nach diesem Verfassungsentwurf sollten u.a. die nicht limitierte Amtszeit des Präsidenten auf zwei Regierungsperioden begrenzt und das die Regierungspartei begünstigende einfache Mehrheitswahlsystem um Elemente eines Verhältniswahlsystems ergänzt werden. Diese Modellverfassung erweckte Hoffnungen, die – von geringen, hiervon angeregten Verfassungsänderungen (wie der nur noch zweimaligen Wiederwahl des Präsidenten) abgesehen – nicht erfüllt wurden. Im Gegenteil: Der autoritäre Regierungsstil des Regimes zeigt sich weiterhin in Versammlungsverboten, Pressezensur und gewaltsamen Polizeieinsätzen.

Kurz vor den Parlaments- und Präsidentschaftswahlen im Dezember 1997 wurden von einer interparlamentarischen Gruppe aus Oppositions- und Regierungspolitikern wenige Reformen erreicht (wie die Bildung neuer Wahlkreise und die Berufung der Wahlkommission), die die Wettbewerbschancen der

Parteien etwas verbessern. Dies änderte jedoch nichts an den Startvorteilen der ehemaligen Einheitspartei KANU, die nicht korrigiert wurden. Auch kamen die Reformen derart verspätet, daß sie sich bei den Dezemberwahlen nicht mehr auswirken konnten. Diese Wahlen bedeuteten zwar einen geringfügigen Fortschritt im Demokratisierungsprozeß; sie waren aber keineswegs frei und fair. Wie nicht anders zu erwarten, gewannen Präsident Moi und seine Regierungspartei die Wahlen – allerdings nur mit einer Parlamentsmehrheit von vier Stimmen. Wie bei den Wahlen von 1992 war Moi auch 1997 Garant des Wahlsieges. Um so mehr tritt der Machtkampf um die Moi-Nachfolge in den Mittelpunkt, denn bei den Wahlen 2002 verwehrt die Verfassung dem Präsidenten, nochmals zu kandidieren. Bis dahin werden Reforminitiativen weiterhin nicht verfolgt werden, wird das alte Patronagesystem bestehen bleiben. Präsident Daniel arap Moi dürfte seine autoritäre Herrschaft bis zum Jahre 2002 fortsetzen: eine Herrschaft, die von einem listenreichen Taktiker bestimmt wird, der es immer erreicht hat, sich an der Macht zu behaupten.

Tansania strebte unter Führung des Staatsgründers Julius Kambaragene Nyerere, dem „Vater der Nation", einen afrikanischen Sozialismus an. In der Arusha-Deklaration entwarfen Präsident Nyerere und die von ihm geführte Partei der Revolution (*Chama Cha Mapinduzi/CCM*) das Modell des *Ujamaa*-Sozialismus, das auf die Errichtung eines den tansanischen Gegebenheiten entsprechenden sozialistischen Staates zielte. Die CCM richtete sich gegen die drei großen Feinde der Entwicklung (*enemies of development*): Armut, Analphabetismus und Armutskrankheiten. Diese sollten durch eine sich selbst tragende Entwicklung (*self-reliance*) behoben werden. Für den Strukturwandel wurden staatliche und halbstaatliche Institutionen geschaffen, die sich jedoch als zu schwerfällig erwiesen, um Nyereres Vorstellungen zu verwirklichen. Hinzu kam, daß die erzielten Errungenschaften der entstehenden wirtschaftlichen Krise nicht standhalten konnten.

Der größte Erfolg der seit der tansanischen Unabhängigkeit (1961) herrschenden CCM lag in der politischen Kontinuität des Regimes. 1963 wurde auf friedlichem Wege das Mehrparteiensystem durch Nyereres Konzept des demokratischen Einparteienstaates ersetzt. 1964 kam es zum Zusammenschluß des damaligen Tanganjika mit Sansibar und Pemba zur Vereinigten Republik von Tansania – einer Republik mit zwei ungleichen Partnern, von denen zudem Sansibar durch innere Konflikte belastet war. Gleichwohl gelang es Nyerere und der CCM, die politische Stabilität aufrechtzuerhalten. Nyereres charismatische und semidemokratische Führung kennzeichnete das tansanische Präsidialsystem. Und die CCM gab die Impulse für die Entwicklungskonzeptionen sowie für die neue Verfassung von 1977.

In dieser Verfassung kommt dem unmittelbar vom Volk auf fünf Jahre gewählten *Präsidenten* als Leiter der Exekutive eine starke Position zu. Diese zeigt sich u. a. darin, daß er den *Premierminister* und nach Konsultation mit diesem die *Minister* bestimmt, die dem Parlament verantwortlich sind, während der Premierminister allein dem Präsidenten untersteht und dessen Anweisungen umsetzt. Im Bereich der Legislative verfügt der Präsident neben seiner direkten Initiativbefugnis bei der Gesetzgebung der *National Assembly* (dem Parlament der Vereinigten Republik von Tansania) über ein suspensives Veto, das nur von einer Zweidrittelmehrheit der Parlamentarier überstimmbar ist. Die Nationalversammlung mit 232 Mitgliedern übt (mit Ausnahmen) generell die Gesetzgebung für die Vereinigte Republik und speziell für das tansanische Festland aus. Neben der *National Assembly* besteht für die Teilrepublik Sansibar – entsprechend der quasi-föderalen Staatsstruktur Tansanias – noch eine separate Exekutive (mit einem Chefminister neben dem Sansibar-Präsidenten) und ein Parlament mit 75 Mitgliedern (*House of Representatives*), dem Gesetzgebungsbefugnisse für die Inseln Sansibar und Pemba zustehen – Befugnisse einer Gesetzgebung, die allerdings der Zustimmung der Nationalversammlung bedarf.

Im Jahre 1985 legte Julius Kambaragene Nyerere (wie angekündigt) sein Präsidentenamt nieder. Der freiwillige Rücktritt des gleichzeitigen CCM-Vorsitzenden (bis 1990), der seit 1964 die Kontinuität und Stabilität Tansanias verkörperte, wurde als ein Akt demokratischer Denkart empfunden. Ihm folgte Ali Hassan Mwinyi, der eine politische Liberalisierung verwirklichte und das Mehrparteiensystem wieder einführte[38]. Wenige Monate bevor Nyerere seinen CCM-Vorsitz niederlegte, initierte der ehemalige Präsident im Februar 1990 eine Diskussion hierüber. Im Februar 1991 ernannte Mwinyi eine Kommission für die Reform des Parteiensystems; und im Mai 1992 stimmte die Nationalversammlung per Verfassungsänderung der gesetzlichen Verankerung des Mehrparteiensystems zu. Im Unterschied zu vielen anderen afrikanischen Ländern wurde in Tansania der Übergang zum Mehrparteiensystem von keiner Bürgerrechtsbewegung verlangt. Vielmehr kam es zu einer *Demokratisierung von oben*.

Die Präsidentschafts- und Parlamentswahlen vom Oktober 1995, bei denen die Oppositionspartei NCCR (*National Convention for Construction and Reform*) kandidierte, gewann der CCM-Kandidat Benjamin William Mkapa mit 61,8 Prozent der Stimmen; die CCM erhielt vier Fünftel der Parlamentssitze. Mkapa konnte bisher die korruptionsbelasteten staatlichen Strukturen und die der langjährigen Regierungspartei CCM zum Teil bereinigen. Insgesamt läßt sich sagen, daß in der Vereinigten Republik von Tansania die Chancen für eine weitere Demokratisierung gut stehen.

Die südafrikanischen Republiken Namibia und Südafrika

Gegen Ende der achtziger Jahre bildete das südliche Afrika eine Konfliktregion, die u.a. durch die Befreiungsbewegung SWAPO (*South West African People's Organization*) in Namibia und den Kampf gegen das Apartheids-Regime in Südafrika gekennzeichnet war. Die Konfrontation zwischen der weißen Herrschaft in Südafrika und ihren Gegnern durchzog die gesamte Region. Inzwischen hat sich die Lage grundlegend verändert. Die Wahlen vom März 1990 und die Übernahme der Präsidentschaft in Namibia durch Sam Nujoma sowie die Wahlen vom April 1994 und die Übernahme der Regierung in

Südafrika durch Nelson Mandela und den ANC (*African National Congress*) bildeten in beiden Ländern den formalen Abschluß der Demokratisierungsphase im Transformationsprozeß.

Nach kolonialer Fremdherrschaft wurde *Namibia* von 1920 an als Mandatsgebiet von der Südafrikanischen Union verwaltet, deren Regierung seit 1946 (und auch nach dem endgültigen Entzug des Mandats 1966) verhinderte, daß Südwestafrika in das Treuhandsystem der Vereinten Nationen eingegliedert werden konnte. 1973 erkannte die UN-Generalversammlung die Befreiungsbewegung SWAPO als einzige und authentische Repräsentation des namibischen Volkes an. Diese arbeitete im August 1975 ein Verfassungskonzept aus – als Reaktion auf die kurz zuvor von Südafrika einberufene Turnhallen-Konferenz. Südafrika verfolgte auf dieser Konferenz seine eigene Verfassungspolitik für Namibia und veranstaltete dort im Dezember 1978 Wahlen zur Verfassungsgebenden Versammlung, die vom Sicherheitsrat der Vereinten Nationen nicht anerkannt wurden. Erst mit dem Friedensvertrag (1988) zwischen Angola, Kuba und Südafrika (das seinen Rückzug aus Namibia davon abhängig machte, daß die kubanischen Soldaten aus Angola abgezogen wurden) begann der Unabhängigkeitsprozeß Namibias. Wesentlich in diesem Prozeß waren die Wahlen zur Verfassungsgebenden Versammlung (als Vorläufer des Parlaments) vom November 1989, in denen die SWAPO die absolute Mehrheit erreichte. Es entstand eine liberale Verfassung, die im Februar 1990 von der Verfassungsgebenden Versammlung angenommen wurde. Diese Versammlung wählte als namibisches Parlament im März 1990 den SWAPO-Vorsitzenden Samuel (Sam) Daniel Nujoma zum Staatspräsidenten Namibias.

Die Verfassung, die vielfach als ein Vorzeigestück der namibischen Demokratie bezeichnet wurde, schreibt neben einer pluralistischen, marktwirtschaftlich orientierten Gesellschaftsordnung umfangreiche Grundrechte und -freiheiten fest[39]. Dem direkt vom Volk für fünf Jahre gewählten *Präsidenten* kommt eine beträchtliche Machtfülle zu. Er ernennt den Premierminister und die Minister und kann sie eigenmächtig entlassen. Er kann zwar die Nationalversammlung auflösen, in einem solchen Falle ist aber auch die Amtsperiode des Präsidenten beendet (ein zweischneidiges Schwert). Die *Nationalversammlung* (*National Assembly*) mit sechs vom Präsidenten ernannten Mitgliedern und 72 Abgeordneten, die nach dem Verhältniswahlsystem (mit Parteilisten) gewählt werden, verfügt über die gesetzgebende Gewalt und kann jede Handlung des *Präsidenten* aufheben oder korrigieren, wenn ein entsprechender Beschluß von einer Zweidrittelmehrheit der Abgeordneten gefaßt wird. Darüber hinaus kennt die Verfassung das Mißtrauensvotum: Der Präsident ist verpflichtet, die Ernennung eines Kabinettsmitgliedes zu widerrufen, wenn die Nationalversammlung mit der Mehrheit ihrer Mitglieder beschließt, daß der betreffende Minister nicht ihr Vertrauen besitzt. Des weiteren ist der Präsident gehalten, bei Ausrufung des Ausnahmezustandes die Zustimmung einer Zweidrittelmehrheit der Nationalversammlung einzuholen. Und schließlich kann die Nationalversammlung den Präsidenten wegen Verfassungsbruchs oder einer ernsthaften Verletzung der Gesetze durch ein *Impeachment*-Verfahren seines Amtes entheben, wenn eine Zweidrittelmehrheit der Mitglieder der Nationalversammlung und eine Zweidrittelmehrheit der Mitglieder des Nationalrats die Amtsenthebung beschließen. Der *Nationalrat* (*National Council*) umfaßt je zwei Mitglieder der 13 Regionen unabhängig von deren Bevölkerungszahl; diese Mitglieder werden von Regionalräten delegiert, die vom Volk der jeweiligen Region in Einmannwahlkreisen gewählt werden.

In bezug auf die Verfassungsrealität ist festzustellen, daß die SWAPO ihre Vormachtposition zunehmend festigt. Bereits die Lokal- und Regionalwahlen Ende 1992 verdeutlichten einen Trend, der sich bei den letzten Parlaments- und Präsidentschaftswahlen vom Dezember 1994 fortsetzte. Die SWAPO erlangte die angestrebte Zweidrittelmehrheit, und Präsident Sam Nujoma erhielt fast 75 Prozent der Wählerstimmen. Inzwischen läßt sich nicht mehr bestreiten, daß die SWAPO die Parteienlandschaft Namibias in hohem Maße beherrscht und eine politische Machtkonzentration in Richtung eines de facto

Einparteienstaates zu verzeichnen ist. Eine solche Konzentration politischer Macht muß zwar nicht, sie kann aber zur Einschränkung von Demokratie, Pluralismus und Partizipation führen. Immerhin nehmen die Indizien zu, daß Präsident Nujoma seine hohen Wahlerfolge als ein Votum wertet, machtbewußt vorgehen zu können. Jedenfalls lassen sich zunehmende autokratische Herrschaftspraktiken seitens des Präsidenten, der immer weniger Widerspruch duldet, nicht übersehen. Dabei kann er sich bei vielen seiner Handlungen auf die Verfassung stützen, z. B. wenn er Kabinettsmitglieder eigenmächtig ernennt und diese nach Gutdünken entläßt. Hier erweist sich, daß die im Grunde liberale Verfassung den Präsidenten mit einer (zu) starken Machtfülle ausgestattet hat.

In *Südafrika* verfolgte die *National Party* (*NP*) der weißen Minderheit, die von 1948 bis 1994 die Regierung der Südafrikanischen Union bzw. der Republik Südafrika (ab 1961) bildete, eine systematische Rassentrennung. Nach einer langen Reihe von Massenprotesten der schwarzen Bevölkerungsmehrheit kam es – unterstützt durch internationalen Druck – zunächst unter Präsident Pieter Willem Botha Anfang der achtziger Jahre zu geringfügigen und dann unter Präsident Frederik de Klerk Ende 1989 zu umfangreichen politischen Reformen[40]. Im Februar 1990 gab de Klerk u. a. die Legalisierung des *African National Congress* (*ANC*) und die Freilassung Nelson Mandelas (nach 27jähriger Haft) bekannt, eines Mannes, der zur Symbolfigur des schwarzen Widerstands geworden war und der nun zum Ansprechpartner der Regierung de Klerk bei dem Versuch wurde, den Reformprozeß voranzutreiben.

Begleitet von Gesprächen zwischen Mandela, dem ANC und der weißen Regierung wurden die rechtlichen Grundlagen der Apartheid beseitigt, und Mitte 1990 begann die Diskussion über die zukünftige Verfassungsordnung Südafrikas. Hierbei zielten die Regierung und die Nationale Partei auf ein universelles Verhältniswahlrecht sowie auf ein parlamentarisches System mit zwei Kammern: einer Nationalversammlung und einem Senat, in dem jede ethnische, politische und regionale Gruppe vertreten sein sollte. Mit diesen Vorstellungen stimmten die Grundlinien des ANC weitgehend überein. Auch sie umfaßten ein Zweikammersystem, ein Verhältniswahlrecht und schließlich ebenfalls eine föderale Struktur des Landes.

Nach dem Scheitern der CODESA 2-Konferenz (der zweiten Verhandlungsphase der *Convention for a Democratic South Africa*) und der darauf folgenden Eskalation der Gewalt in Südafrika, wodurch die weiteren Verhandlungen zu scheitern drohten, gelang es Nelson Mandela und Frederik de Klerk sowie dem ANC und der NP, einen Kompromiß zu schließen. Dieser sah für die Transition die folgenden Stationen vor: die Erarbeitung einer Übergangsverfassung durch alle Parteien, freie Wahlen und die Bildung einer Regierung der Nationalen Einheit und schließlich die Erarbeitung der endgültigen Verfassung auf der Grundlage der Übergangsverfassung durch ein frei gewähltes Parlament. Im Bemühen um die erste Station begann der Exekutive Übergangsrat (*Transitional Executive Council/ TEC*) mit der Erarbeitung einer Übergangsverfassung, auf die sich schließlich zwischen Juli und November 1993 der ANC und die NP-Regierung einigten. Die Übergangsverfassung, die im April 1994 in Kraft trat, setzte dem Apartheids-Staat ein Ende und kann als die bedeutendste Übergangsstation im Prozeß der Demokratisierung bezeichnet werden.

Gemeinsam mit dieser Übergangsverfassung schufen die ersten freien Parlamentswahlen vom April 1994 eine neue, demokratische Ordnung in Südafrika. Den Wahlen war eine intensive Diskussion über das Wahlrecht mit dem Ergebnis vorausgegangen, daß die Wahlen nach dem (einfachen) Verhältniswahlsystem mit festen Listen stattfanden. Wie zu erwarten, gewann der ANC die Mehrheit der Stimmen (62,7 Prozent und damit 252 Parlamentssitze), verfehlte jedoch die Zweidrittelmehrheit. Die NP erreichte 20,4 Prozent der Stimmen und damit 82 Parlamentssitze; und die Inkatha-Freiheitspartei (IFP) erzielte zwar in KwaZulu/Natal die absolute Mehrheit der Stimmen, schnitt aber insgesamt (mit 10,5 Prozent und damit 43 Parlamentssitzen) relativ schlecht ab. Damit hatte der ANC die Grundlage für den Regierungswechsel geschaffen. Nelson Mandela übernahm im Mai 1994 die Staatspräsidentschaft und bildete eine Regierung der Nationalen Einheit. Der Wahlausgang und die Regierungsbildung Mandelas stellten den formalen Abschluß der südafrikanischen Demokratisierungsphase dar.

Rund zwei Jahre nach Inkraftsetzung der Übergangsverfassung und nach der Inauguration (Amtseinsetzung) Mandelas verständigte sich die Verfassungsgebende Versammlung (d. h. Nationalversammlung und Senat) mit großer Mehrheit auf eine endgültige Verfassung für die Republik Südafrika, die am 8. Mai 1996 verabschiedet wurde und – nach einer Nachbesserung, die der Verfassungsgerichtshof verlangte und die vorrangig die Rechte der Provinzen und deren legislativen Prozeß betraf – am 3. Februar 1997 in Kraft trat. Unter hohem Erwartungsdruck waren die rechtlichen und institutionellen Grundlagen für den Umbau von Staat und Gesellschaft geschaffen worden, in pragmatischer Zusammenarbeit war das Verfassungswerk zustande gekommen. Von der Übergangsverfassung wurde der umfangreiche Katalog von Grundrechten (mit einem Schwerpunkt der sozialökonomischen Rechte) weitgehend übernommen, deren Einhaltung der Verfassungsgerichtshof (*Constitutional Court*), verschiedene Kommissionen und ein *Public Protector* (Ombudsmann) überwachen sollen.

In bezug auf die Institutionen schreibt die Verfassung wie die Übergangsverfassung ein Zweikammersystem fest, das aus der *Nationalversammlung* (*National Assembly* mit maximal 400 Abgeordneten) und dem neu gebildeten *Nationalen Provinzrat* (*National Council of Provinces*/NCOP) besteht, der an die Stelle des Senats der Übergangsverfassung getreten ist und dem – wie der gesamten (hier ausgeblendeten) föderalen Struktur – bei der multi-ethnischen „Regenbogennation" eine besondere Bedeutung zukommt. In den Nationalen Provinzrat (NCOP) entsendet jede der neun Provinzen eine Delegation von zehn Mitgliedern, die von den in den Provinzparlamenten vertretenen Parteien entsprechend dem Verhältnis ihrer Mandate benannt werden. Von diesen Mitgliedern müssen sechs am Sitz des Rates in Kapstadt ständig tätig sein und drei als besondere bzw. spezialisierte Delegierte (für die jeweils anstehenden Politikbereiche) zugleich ihrem Provinzparlament angehören; zu ihnen kommt als vierter besonderer Delegierter der betreffende Premierminister oder ein von ihm bestimmter Vertreter (wodurch eine Verbindung sowohl mit der Provinzregierung als auch mit dem Provinzparlament gewährleistet wird). Jede Provinz verfügt über nur eine Stimme, so daß sich die Delegation von Fall zu Fall einigen muß. Zudem verlangen die Entscheidungen im *National Council of Provinces* eine Mehrheit von mindestens fünf Provinzen. Der NCOP ist damit primär eine Vertretung von Provinzinteressen und nicht (wie der Senat der Übergangsverfassung) eine Vertretung von Parteiinteressen. Der *Nationalversammlung* (*National Assembly*) obliegen die klassischen Parlamentskompetenzen wie die Gesetzgebung und die Kontrolle der Regierung sowie die Wahl des Präsidenten, dessen Mitgliedschaft in der *National Assembly* mit seiner Amtsübernahme erlischt. Die Gesetzgebung konzentriert sich weitgehend auf die Nationalversammlung; bei ausschließlicher Zuständigkeit des Gesamtstaates kommt dem Nationalen Provinzrat lediglich ein suspensives Veto zu, so daß die *National Assembly* das betreffende Gesetz (auch bei einem Änderungsvorschlag der zweiten Kammer) in seiner ursprünglichen Form erneut beschließen kann. Im Bereich der konkurrierenden Gesetzgebung allerdings (bei Gesetzen, die sowohl in nationale wie in provinzielle Zuständigkeit fallen), verfügt der Provinzrat über ein Mitspracherecht; die Nationalversammlung kann jedoch dessen Einwände nach vorheriger Beratung im Vermittlungsausschuß (*Mediation Committee* aus je neun Mitgliedern der *National Assembly* und des NCOP) mit einer Zweidrittelmehrheit überstimmen.

Der auf fünf Jahre gewählte *Präsident* (Staatsoberhaupt und Regierungschef zugleich) verfügt über umfangreiche Kompetenzen. Bei ihm konzentriert sich die exekutive Gewalt, er ist zusammen mit dem Kabinett für die Planung und Durchführung der Regierungspolitik zuständig. Er ernennt seinen Stellvertreter (*Deputy President*) und die Minister aus den Reihen der Parlamentsmitglieder und kann sie entlassen. Der Präsident kann des weiteren zwei Minister in das Kabinett berufen, die nicht aus der Nationalversammlung kommen. Die Minister aus den Reihen der Parlamentsmitglieder sind der *National Assembly* verantwortlich. Der Präsident ernennt ferner den Präsidenten und den Vizepräsidenten des Verfassungsgerichtshofes (*Constitutional Court*) nach Konsultation der Justizkommission (*Judicial Service Commission*) und der Vorsitzenden der in der *National Assembly* vertretenen Parteien sowie die übrigen neun Richter des Verfassungsgerichtshofes nach Konsultation des Verfassungsgerichtspräsidenten und der Vorsitzenden der in der Nationalversammlung vertretenen Parteien auf Vorlage der *Judicial Service Commission*. Schließlich kann der Präsident mit Zustimmung des Parlaments den Notstand ausrufen, Proklamationen treffen, ein Gesetz vom Verfassungsgerichtshof auf seine Verfassungsmäßigkeit überprüfen lassen und vieles mehr. Was bei dieser Machtfülle des Präsidenten seine Kontrolle und seine Abberufung anbelangt, so kennt die Verfassung u. a. bei ernsthafter Mißachtung der Verfassung und anderer Gesetze die Amtsenthebung des Präsidenten durch die Nationalversammlung mit zwei Dritteln ihrer Mitglieder (im Unterschied zum Senat der Übergangsverfassung ist der Provinzrat nicht mehr beteiligt). Darüber hinaus verfügt die *National Assembly* (mit den Stimmen der Mehrheit ihrer Mitglieder) über zwei weitere Formen des Mißtrauensvotums: gegen den Präsidenten sowie gegen das Kabinett (ohne den Präsidenten). Während im letzteren Fall der Präsident nur sein Kabinett neu bilden muß, führt das Mißtrauensvotum gegen den Präsidenten zu einem umfassenden Regierungswechsel. Das Mißtrauensvotum gegen den Präsidenten ist semi-konstruktiv wirksam: Es erzwingt zwar nur den Rücktritt des Präsidenten und der Regierung; im Kontext der Verfassung obliegt es jedoch der Nationalversammlung, bei einer Vakanz im Präsidentenamt innerhalb von 30 Tagen einen neuen Präsidenten zu wählen. Im anderen Fall muß der noch geschäftsführend tätige Präsident die *National Assembly* auflösen. Daß die Verfassung hiermit eine kompromißbereite Einigung auf einen neuen Präsidenten und damit eine Kontinuität in der Präsidentschaft zu erreichen sucht, ist deutlich erkennbar.

In Anbetracht der schwierigen wirtschaftlichen Lage Süd-afrikas und der Zunahme von Korruption und Gewaltkrimi-nalität erweist sich eine solche Kontinuität als dringend not-wendig. Nicht von ungefähr hatte Nelson Mandela in seiner Eröffnung südafrikanischer Parlamentsjahre mit scharfen Wor-ten die schrittweise Ablösung politisch motivierter Gewalt durch kriminelle Gewalt kritisch herausgestellt, die nicht nur erhebliche Besorgnis im Inland, sondern auch bei ausländi-schen Investoren auslöst. Damit wurde eine Problematik ange-sprochen, die inzwischen Mandelas Nachfolger, sein ehemali-ger Vizepräsident und ANC-Vorsitzender Thabo Mbeki, auf das entschiedenste einer Lösung näherzuführen trachtet.

Der neue Präsident, der bereits geraume Zeit vor dem Re-gierungswechsel de facto das Amt des Staatschefs in Pretoria verwaltet hatte, wurde am 14. Juni 1999 von der National-versammlung gewählt, nachdem der *African National Con-gress (ANC)* bei den zweiten demokratischen Parlamentswah-len Südafrikas 66,4 Prozent der Stimmen erlangt hatte. Der ANC verfehlte damit die absolute Mehrheit um einen Parla-mentssitz, während die *Democratic Party (DP)*, die Partei des rechtsliberalen weißen und indischstämmigen Bürgertums, lediglich 9,6 Prozent und die *New National Party (NNP)*, die Nachfolgepartei der NP, die bis 1994 den damaligen Apart-heidstaat regiert hatte, nur 6,9 Prozent der Stimmen erreich-ten. Thabo Mbeki bildete mit seinem ANC und der *Inkatha Freedom Party (IFP, mit einem Stimmenanteil von 8,6 Pro-zent)* eine auf Solidarität zwischen den beiden Parteien zielen-de Koalitionsregierung, der der IFP-Vorsitzende Mangosuthu Buthelezi weiterhin als Innenminister angehört (und die mit ihrer Drei-Viertel-Mehrheit de jure über die Möglichkeit ver-fügt, die Verfassung zu ändern – eine Möglichkeit, von der Mbeki nach eigenen Worten aber keinen Gebrauch machen will). Neuer Vizepräsident wurde Jacob Zuma, der gleichzei-tig dem ANC als zweiter Mann vorsteht. Nach der Amtsein-führung drückte Präsident Mbeki seine Hoffnung aus, daß nach den Jahrhunderten der Ausbeutung und Sklaverei nun ein afrikanisches Jahrhundert anbrechen werde.

VIII. Schlußwort

Die Darstellung der politischen Systeme, die durch ihre Konzentration eine Gesamtübersicht ermöglichte, soll mit einem kurzen Blick zurück abgeschlossen werden. Drei Gruppen von politischen Systemen wurden betrachtet: die der westlichen Industriegesellschaften, der postkommunistischen Gesellschaften und der Entwicklungsgesellschaften (teils unter dem Aspekt des Systemwechsels). Hierbei zeigten sich bei den Staaten der OECD (der Organisation für Wirtschaftliche Zusammenarbeit und Entwicklung), zu denen vor allem die Länder der ersten Gruppe, aber auch Ungarn, Polen und Tschechien aus der zweiten Gruppe zählen, mannigfache Gemeinsamkeiten in der Struktur und bei der Funktionsweise der politischen Systeme. Sie ergeben sich aus den anstehenden gesellschaftlich-politischen Entscheidungen, die heute von allen Steuerungsinstanzen in strukturell ähnlicher, vergleichbarer Weise getroffen werden. Bei der Machtverlagerung in den parlamentarischen Systemen, die in der Verschiebung der Gesetzesinitiative von den Parlamenten auf die Regierungen (mit ihren Ministerialbürokratien) sinnfällig wird, konnte dies ebenso aufgezeigt werden wie in den parlamentarisch-präsidentiellen und den präsidentiellen Systemen. Andererseits ließen sich aber auch vor allem bei den Entwicklungsgesellschaften der dritten Gruppe bedeutsame Unterschiede zwischen politischen Systemen erkennen, die sich in ihrem Institutionengefüge gleichen. Hier stellte sich heraus, daß die legislative und die exekutive Gewalt gleichwohl einen unterschiedlichen Charakter annehmen können, der von den politisch-kulturellen Eigenheiten der betreffenden Länder geprägt ist. Namentlich in den asiatischen Staaten mit ihren zumeist mehr auf Konsens (als auf Konkurrenz) und mehr auf Konsultation (als auf Partizipation) angelegten politischen Systemen konnte dies beobachtet werden. Weder die Gemeinsamkeiten noch die Unterschiede sollten verwundern. Hinter den Lösungen politischer Organisationsprobleme stehen neben den vielfältigen Leistungsanforderungen letztlich immer auch die jeweiligen autochthonen Wertvorstellungen. Dies gilt nicht zuletzt für die vieldiskutierte Möglichkeit der Universalisierung der Demokratie: der Umsetzung westlicher Normen und Prinzipien in den Entwicklungsgesellschaften, aber auch in den Ländern Osteuropas und in den Nachfolgestaaten der vormaligen Sowjetunion. Die Frage nach dem Grad der Akzeptanz des westlichen Demokratiemodells kann nur im Kontext der Kulturen eine Antwort erfahren.

Anmerkungen

1 Vgl. Thomas Ellwein, *Das Regierungssystem der Bundesrepublik Deutschland*, Opladen 1984, 1.

2 Siehe Wolfgang Ismayr, *Die politischen Systeme Westeuropas im Vergleich*, in: ders. (Hrsg.), Die politischen Systeme Westeuropas, Opladen 1997.

3 Siehe Roland Sturm, *Großbritannien*, Opladen 1991, und ders., *Das politische System Großbritanniens*, in: Ismayr.

4 Siehe Gerhard Leibholz, *Strukturprobleme der modernen Demokratie*, Karlsruhe 1958 passim.

5 Dazu grundlegend: Joachim Jens Hesse/Thomas Ellwein, *Das Regierungssystem der Bundesrepublik Deutschland*, Opladen 1992; siehe auch Ismayr, *Das politische System Deutschlands*, in: ders., *Die politischen Systeme*.

6 Siehe Udo Kempf, *Das politische System Frankreichs*, in: Ismayr; siehe auch Franz Lehner, *Vergleichende Regierungslehre*, Opladen 1991.

7 Siehe Lehner, ebd.

8 Siehe Manfred Pohl, *Japan*, München 1992; vgl. Paul Kevenhörster, *Politik und Gesellschaft in Japan*, Mannheim 1993.

9 Siehe Gerhard Lehmbruch, *Proporzdemokratie*, Tübingen 1967, 13.

10 Dazu und zu den beiden folgenden Kapiteln grundlegend: Wolfgang Merkel, *Institutionalisierung und Konsolidierung der Demokratien in Ostmitteleuropa*, in: ders./Eberhard Sandschneider/Dieter Segert (Hrsg.), *Systemwechsel 2*, Opladen 1996; siehe auch Dieter Segert, *Institutionalisierung der Demokratie am balkanischen Rand Osteuropas*, in: Merkel [u. a.].

11 Siehe dazu erneut Segert, ebd.; vgl. auch Keno Verseck, *Rumänien*, München 1998.

12 Siehe Ellen Bos, *Verfassungsgebungsprozeß und Regierungssystem in Rußland*, in: Merkel [u. a.].

13 Siehe Sylvia von Steinsdorff, *Verfassungsgenese in Rußland und Frankreich*, in: Zeitschrift für Parlamentsfragen 26/1995.

14 Vgl. Otto Luchterhandt, *Die Verfassung der Republik Kasachstan von 1995*, in: Georg Brunner (Hrsg.), *Verfassungs- und Verwaltungsrecht der Staaten Osteuropas*, Berlin 1995, Bd. IV.

15 Dazu grundlegend: Eberhard Sandschneider, *Institutionalisierungsprobleme im Reformparadox der VR China*, in: Merkel [u. a.].

16 Siehe Oskar Weggel, *China im Aufbruch*, München 1997, und ders., *China*, München 1994.

17 Siehe Merkel/Sandschneider/Segert, *Die Institutionalisierung der Demokratie*, in: dies., *Systemwechsel 2*.

18 Dazu grundlegend: Detlef Nolte, *Südamerika: Reinstitutionalisierung*

und Konsolidierung der Demokratie, in: Merkel [u. a.], und ders., *Chile* (Paper des Instituts für Iberoamerika-Kunde, Hamburg).

19 Siehe Peter Birle, *Interne und externe Rahmenbedingungen der bolivianischen Reformpolitik,* in: Lateinamerika 31/1996, und ders., Bolivien, in: *Jahrbuch Dritte Welt 1998,* München 1997.

20 Siehe Mechthild Minkner-Bünje, *Peru* (Paper des Instituts für Iberoamerika-Kunde, Hamburg).

21 Siehe Ulrich Goedeking, *Das „Unternehmen Peru" und sein Chef,* in: Lateinamerika 29/1995; Joachim Roth, *Peru: Der Weg in die „Gelegenheitsdemokratie",* in: Lateinamerika 37/1998.

22 Siehe Nolte, *Argentinien* (Paper des Instituts für Iberoamerika-Kunde, Hamburg).

23 Dazu grundlegend: Nolte, *Südamerika: Reinstitutionalisierung und Konsolidierung der Demokratie,* in: Merkel [u. a.]; vgl. Gilberto Calcagnotto, *Brasilien* (Paper des Instituts für Iberoamerika-Kunde, Hamburg).

24 Siehe Jürgen Rüland, *Politische Systeme in Südostasien,* Landsberg am Lech 1998.

25 Siehe Aurel Croissant, *Politischer Systemwechsel in Südkorea,* Hamburg 1998.

26 Dazu grundlegend: Günter Schubert/Mark R. Thompson, *Demokratische Institutionalisierung in Ost- und Südostasien,* in: Merkel [u.a.].

27 Siehe Rüland, passim.

28 Siehe Gunter Schubert/Mark R. Thompson, in: Merkel [u.a.].

29 Dazu grundlegend: Dietmar Rothermund (Hrsg.), *Indien,* München 1995; vgl. auch Justus Richter, *Indien nach den Parlamentswahlen 1996,* in: Aus Politik und Zeitgeschichte B 30–31/96.

30 Siehe Udo Steinbach, *Die „Zweite Islamische Republik",* in: Außenpolitik 1/1990.

31 Siehe Silvia Tellenbach, *Zur Änderung der Verfassung der Islamischen Republik Iran,* in: Orient 31/1990.

32 Siehe Ferhad Ibrahim, *Die neue saudische „Verfassung",* in: Verfassung und Recht in Übersee 4/1992.

33 Dazu grundlegend: Udo Steinbach, *Die Türkei im 20. Jahrhundert,* Bergisch Gladbach 1996; vgl. auch Faruk Sen, *Die gegenwärtige politische Lage in der Türkei unter der neuen Regierung,* in: Aus Politik und Zeitgeschichte B 11–12/97.

34 Siehe Udo Steinbach/Rolf Hofmeier/Matthias Schönborn (Hrsg.), *Politisches Lexikon Nahost/Nordafrika,* München 1994.

35 Dazu grundlegend: Michael Wolffsohn/Douglas Bokovoy, *Israel. Grundwissen – Länderkunde,* Opladen 1995; siehe auch Albrecht Gundermann, *Israels staatliche Ordnung nach den Reformen,* in: Zeitschrift für Politikwissenschaft 4/1998.

36 Dazu grundlegend: Rainer Tetzlaff, *Afrika zwischen Demokratisierung und Staatszerfall,* in: Aus Politik und Zeitgeschichte B 21/98.

37 Vgl. Ralph-Michael Peters, *Die Präsidentschafts- und Parlaments-wahlen in Kenia 1997,* Hamburg 1998; Wilhelm Hofmeister, *Zwischen Beharrung und Wandel,* in: Aus Politik und Zeitgeschichte B 44–45/95.

38 Siehe Ulf Engel/Rolf Hofmeier/Dirk Kohnert/Andreas Mehler (Hrsg.), *Deutsche Wahlbeobachtung in Afrika,* Hamburg 1996.

39 Siehe Franz Ansprenger, *Die Verfassung Namibias,* in: KAS 12/1991.

40 Dazu grundlegend: Sigmar Schmidt, *Südafrika: Demokratisierung als Prozeß der Verfassungsgebung?,* in: Merkel [u. a.].

Literaturverzeichnis

Adams, W. P. u. a. (Hrsg.): *Die Vereinigten Staaten von Amerika*, Frankfurt a. M. 1992.

Beyme, K. v.: *Systemwechsel in Osteuropa*, Frankfurt a. M. 1994.

Birch, A. H.: *The British System of Government*, London 1993.

Bozóki, A. (Hrsg.): *Democratic Legitimacy in Post-Communist Societies*, Budapest 1994.

Briesemeister, D. u. a. (Hrsg.): *Brasilien heute*, Frankfurt a. M. 1994.

Buhbe, M.: *Türkei. Politik und Zeitgeschichte*, Opladen 1996.

Bunbongkarn, S.: *State of the Nation. Thailand*, Singapur 1996.

Charlot, J.: *La Politique en France*, Paris 1994.

Croissant, A.: *Politischer Systemwechsel in Südkorea*, 1998.

Filzmaier, P./F. Plasser: *Die amerikanische Demokratie*, Wien 1997.

Foly, M./J. E. Owens: *Congress and the Presidency*, New York 1996.

Glaeßner, G.-J.: *Demokratie nach dem Ende des Kommunismus*, Opladen 1994.

Hansen, S.: *Philippinen – Guerilla und Revolution*, Münster 1991.

Heilmann, S.: *Das politische System der VR China im Wandel*, Hamburg 1996.

Hesse, J. J./Th. Ellwein: *Das Regierungssystem der Bundesrepublik Deutschland*, Opladen 1992.

Huntington, S. P.: *Der Kampf der Kulturen*, Wien 1996.

Ishida, T./E. Kraus (Hrsg.): *Democracy in Japan*, Pittsburgh 1990.

Ismayr, W. (Hrsg.): *Die politischen Systeme Westeuropas*, Opladen 1997.

Kevenhörster, P.: *Politik und Gesellschaft in Japan*, Mannheim 1993.

Lehner, F.: *Vergleichende Regierungslehre*, Opladen 1991.

Lieberthal, K.: *Governing China*, New York/London 1995.

Merkel, W. (Hrsg.): *Systemwechsel 1. Theorien, Ansätze und Konzepte der Transitionsforschung*, Opladen 1996.

Ders./E. Sandschneider/D. Segert (Hrsg.): *Systemwechsel 2. Die Institutionalisierung der Demokratie*, Opladen 1996.

Mommsen, M.: *Wohin treibt Rußland?*, München 1996.

Nohlen, D./M. Kasapovic: *Wahlsysteme und Systemwechsel in Osteuropa*, Opladen 1996.

Nolte, D./N. Werz (Hrsg.): *Argentinien*, Frankfurt a.M. 1996.

Portelli, H.: *La Ve République*, Paris 1994.

Pohl, M.: *Japan*, München 1992.

Rothermund, D. (Hrsg.): *Indien. Ein Handbuch*, München 1995.

Rüland, J.: *Politische Systeme in Südostasien*, Landsberg am Lech 1998.

Rumpf, Ch.: *Das türkische Verfassungssystem*, Wiesbaden 1996.

Segert, D./C. Machos: *Parteien in Osteuropa*, Opladen/Wiesbaden 1995.

Spence, J. E. (Hrsg.): *Change in South Africa*, London 1994.

Steinbach, U.: *Die Türkei im 20. Jahrhundert*, Bergisch Gladbach 1996.

Sturm, R.: *Großbritannien*, Opladen 1997.

Szabó, M.: *Ungarn auf dem Weg zur Demokratie*, Bonn 1994.

Tetzlaff, R. (Hrsg.): *Perspektiven der Demokratisierung in Entwicklungsländern*, Hamburg 1992.

Thakur, R.: *The Government and Politics of India*, Basingstoke 1995.

Thompson, M. R.: *The Anti-Marcos Struggle*, New Haven 1995.

Wagner, R.: *Sonderweg Rumänien*, Berlin 1992.

Wasser, H. (Hrsg.): *USA*, Opladen 1991.

Weggel, O.: *Das nachrevolutionäre China*, Hamburg 1996.

Ders.: *China im Aufbruch*, München 1997.

Wolffsohn, M./ D. Bokovoy, *Israel. Grundwissen – Länderkunde*, Opladen 1995.

Personen- und Sachregister

Akteneinsicht 16 f., 31
Allende, Salvador 63
Ämterpatronage 17, 26, 29, 61
Aquino, Corazon 84, 86
Ausschüsse s. Parlamentsausschüsse
Aylwin, Patricio 63, 65

Banzer, Hugo 67
Barak, Ehud 110
Ben Ali, Zine el-Abidine 104 f.
Ben-Gurion, David 107
Bourguiba, Habib 103 f.
Bundesrat (der BRD) 20
Bürokratie s. Ministerialbürokratie
Buthelezi, Mangosuthu 124
Buzek, Jerzy 42

Cárdenas, Victor Hugo 66
Cardoso, Fernando Henrique 75 f.
Cohabitation 11, 24 ff., 42
Collor de Mello, Fernando 75
Common Law 15

Danwei-Demokratie 59 f.
Dekret-Kompetenzen 25, 47, 49,
    51, 53, 63, 66, 68 ff., 72, 75, 79,
    102, 104
Demokratien (westliche) 8, 11–32
Demokratisierung (als Transitions-
    phase) 7, 8, 9, 37, 50, 57, 60,
    66, 74, 79, 83, 86, 97, 111, 116,
    121
Deng Xiaoping 57
Doppelköpfige Exekutive 11, 25
Dzurinda, Mikulas 45

Ecevit, Bülent 100
Eliteuniversitäten 17, 26, 36
Erbakan, Necmettin 99 ff.
Establishment 18, 36
Estrada, Joseph (Erap) 85 f.
Exekutivstruktur (USA) 81 f.

Faktionen (in Parteien) 32 f., 74
Falkland/Malvinen-Konflikt 71
Fraktionen s. Parteifraktionen
Frei Montalva, Eduardo 62
Frei Ruiz-Tagle, Eduardo 65
Fujimori, Alberto 68 ff.

Gandhi, Indira 86 f., 89
Gandhi, Mahatma 86
Gandhi, Sonia 89
Gaulle, Charles de 24
Gesetzesinitiative (der Exekutive)
    14, 16, 23, 25 f., 27, 41, 43 f.,
    47 f., 49, 51, 55, 66, 68 f., 72,
    75, 79, 84, 88, 98, 102, 104,
    108, 115 f., 119
Gesetzgebung (der Legislative)
    13 f., 27, 39, 44, 51, 55, 67,
    77 f., 79, 82 f., 101 f., 108, 122
Gewaltenhemmung und -kontrolle
    (auch *checks and balances*) 7,
    27 ff., 40
Grundgesetze (Israel) 107

Havel, Václav 44
Horn, Gyula 40

Iliescu, Ion 48
Imamat 91
Impeachment 28, 52, 55, 75, 80,
    118
Inkompatibilität 30
Interessenverbände 16, 23 f.
Islam (als offizielle Religion) 91,
    94 f., 101

Jelzin, Boris 50, 54
Jiang Zemin 57 f.

Kabinettsstrukturen 13, 17 f., 22,
    26, 30 f., 32, 56, 58, 72, 87, 93
Kemal Atatürk, Mustafa 90 f., 97 f.

Kemalismus 97 ff.
Kenyatta, Jomo 112
Khamenei, Sayyid Ali 92 f.
Khatami, Mohammed 93 f.
Khomeini, Ruhollah 90 ff.
Klaus, Václav 43 f.
Klerk, Frederik de 119 f.
Konfuzianismus 59 f.
Konstruktives Mißtrauensvotum
    13, 22, 40 f.
Kováč, Michal 45
Kwaśniewski, Aleksander 42

Laizismus 90, 97 ff.
Law Lords 14, 16
Leekpai, Chuan 81, 83
Liberalisierung (als Transitions-
    phase) 8, 37, 47, 63, 65, 74, 95,
    105, 116

Mandela, Nelson 117, 119 ff., 124
Marcos, Ferdinand E. 84
Marktwirtschaft (in Transforma-
    tionssystemen) 37, 53, 57, 117
Mbeki, Thabo 124
Mečiar, Vladimir 45
Mehrheitswahlsystem 11 f., 39, 55,
    75, 103, 113
Menem, Carlos Saúl 71 ff.
Militär (Einfluß auf Politik) 62 f.,
    64, 68, 70, 73, 86
Ministerialbürokratie 17 f., 23, 26,
    34ff.
Mißtrauensvotum (s. auch Kon-
    struktives Mißtrauensvotum) 13,
    40 f., 49, 80, 93, 102, 104, 118,
    123
Mitzeichnung 26
Mkapa, Benjamin William 116
Moi, Daniel arap 112

Nah-Ost-Friedensprozeß 109 f.
Nasarbajew, Nursultan A. 56
Nehru, Jawaharlal 86
Netanjahu, Benjamin 110

Neves, Tancredo 74
Nujoma, Samuel (Sam) Daniel
    116 f., 118 f.
Nyerere, Julius Kambaragene
    114 ff.

Ombudsman 19, 108
Oppositionsstrukturen 15 f., 20,
    33 f., 39, 60, 85, 96, 101, 103,
    105, 112

Paralleladministration (Russische
    Föderation) 53
Parlamentarische Systeme 11, 27,
    30, 38 f., 43 f., 49, 78
Parlamentarisch-präsidentielle
    Systeme 11, 24 ff., 38, 41 f., 47
Parlamentarismus 15, 24
Parlamentsausschüsse 14, 16, 20 f.,
    28, 108
Parteien (im Institutionengefüge)
    s. auch Parteienstaat 12, 21, 24,
    26, 29 f., 32 f., 35, 40, 42, 45,
    48 f., 58, 66, 69, 72 f., 80, 88,
    98, 101, 103, 105, 112
Parteienstaat 20, 22, 108
Parteifraktionen 14, 21 f.
Patronage s. Ämterpatronage
Perestrojka 50
Pérez de Cuéllar, Javier 69
Perón, Juan Domingo 70 f.
Peronismus 70 f.
Pinochet, Augusto 63 ff.
Postautoritäre Entwicklungsgesell-
    schaften 61–86
Postkommunistische Gesellschaften
    8, 37–57
Präsidentielle Systeme 11, 27 ff.,
    30, 44, 54, 56, 61 ff., 68, 71 f.
Präsidentiell-parlamentarische
    Systeme 11, 24 ff., 38, 41, 47, 79 f.
President's Rule (Indien) 88

Rabin, Jitzchak 109 f.
Rafsandschani, Ali Akbar 93

Redemokratisierung (in
  Lateinamerika) 62 f., 64, 68, 74
Referendum 38 f., 41, 47, 51, 56,
  61 f., 63, 79, 98, 102 f.
Reformkräfte (demokratische)
  im Systemwechsel 39, 42, 46 f.,
  57 f.,
Regierungsbildung 12, 22, 24 f.,
  27, 33, 39, 40, 42 f., 44, 47, 49,
  51, 55 f., 64, 66, 71 f., 75, 79,
  80, 82, 87, 93, 98 f., 104, 108,
  113, 117, 122 f.
Regierungsrücktritt (s. auch
  Mißtrauensvotum) 12, 13, 22 f.,
  26, 30, 41, 44, 49, 50, 108 f.,
  118, 123
Regimeeliten (alte) im Systemwechsel 37, 39, 42, 46 f.
Re-Islamisierung 90, 99, 102
Runder Tisch 39, 41 f., 46

Säkularismus 88
Sánchez de Lozada, Gonzalo
  66 f.
Sarney, José 74
Schewardnadze, Eduard 55
Schuster, Rudolf 45
Schwellenländer (Newly
  Industrializing Countries) 8, 9,
  62, 70–76, 78–89, 106
Sharia 94, 96
Sicherheitsrat
  (Russische Föderation) 53

Solidarność 42, 50
Systemwechsel 9, 37, 39, 42, 46 f.,
  57 f., 60 ff., 71, 74, 76, 79, 81,
  111, 120 f.

Thatcher, Margaret 17
Transformation s. Systemwechsel
Transition s. Systemwechsel

Vajpayee, Atal Behari 89
Verbände s. Interessenverbände
Verfahrenslegitimität
  (verfassungsgebende) 27, 38,
  61 f., 76
Verfassungsgerichtsbarkeit 21, 43,
  45, 48, 51, 70, 99 f., 121 ff.
Verhältniswahlsystem 11 f., 34 f.,
  37, 39, 55, 75, 107, 113, 118 f.,
  120
Verwaltung
  s. Ministerialbürokratie
Veto-Kompetenzen 16, 26, 28, 32,
  42, 51, 56, 79, 84, 102, 115,
  122
Volksabstimmung s. Referendum

Walesa, Lech 41
Weizmann, Ezer 109
White House Office (USA) 32

Zeman, Miloš 44
Zionismus 106
Zuma, Jacob 124

C.H.BECK ✠ WISSEN

in der Beck'schen Reihe

Zuletzt erschienen:

2017: Burkert/Kippenhahn, **Die Milchstraße**

2019: Hein, **Die Revolution von 1848/49**

2027: Wirsching, **Psychosomatische Medizin**

2028: Reinhardt, **Die Medici**

2029: Brodersen, **Die Sieben Weltwunder**

2030: Hrouda, **Mesopotamien**

2031: Kienzler, **Der religiöse Fundamentalismus**

2032: Geyer, **Mythos**

2033: Feuerlein, **Alkoholismus**

2034: Mainzer, **Materie**

2035: Prem, **Die Azteken**

2036: Strian, **Schmerz**

2037: Ladewig, **Sucht und Suchtkrankheiten**

2038: Wilhelm, **Informatik**

2039: Sinn, **Olympia**

2040: Prayon, **Die Etrusker**

2041: Winkelmann, **Das frühe Christentum**

2042: Clauss, **Konstantin der Große und seine Zeit**

2043: Gehrke, **Alexander der Große**

2044: Jehne, **Caesar**

2045: Stux, **Akupunktur**

2046: Schön, **Bakterien**

2047: Schneble, **Epilepsie**

2049: Zänker, **Das Immunsystem des Menschen**

2050: Birg, **Die Weltbevölkerung**

2051: Dippel, **Geschichte der USA**

2052: Janich, **Was ist Wahrheit?**

2053: Schulz, **Romantik**

2054: Schorn-Schütte, **Die Reformation**

2056: Unschuld, **Chinesische Medizin**

2057: Cobet, **Heinrich Schliemann**

2058: Schneiders, **Das Zeitalter der Aufklärung**

2059: Schrenk, **Die Frühzeit des Menschen**

2060: Biesalski, **Vitamine**

2061: Mertens, **Psychoanalyse**

2062: Schick, **Erdbeben und Vulkane**

2063: Möhlmann, **Kometen**

2064: Gundermann, **Umwelt und Gesundheit**

2065: Denzler, **Das Papsttum**

2066: Benkert/Lenzen-Schulte, **Zwangskrankheiten**

2067: Weiß, **Bienen und Bienenvölker**

2068: Hocker, **Tinnitus**

2069: Goenner, **Einsteins Relativitätstheorien**

2070: Nowak, **Das Christentum**

2071: Beutelspacher, **Geheimsprachen**

2072: Müller, **Schamanismus**

2073: Clauss, **Das alte Israel**

2074: Funke, **Athen in klassischer Zeit**

2075: Julien, **Die Inka**

2076: Kappeler, **Russische Geschichte**

2077: Pieper, **Gut und Böse**

2078: North, **Geschichte der Niederlande**

2079: Bühring, **Naturheilkunde**

2080: Broschinski, **Dinosaurier**

2081: Simek, **Die Wikinger**

2082: Behringer, **Hexen**

2083: Baltrusch, **Sparta**

2084: Eck, **Augustus und seine Zeit**

2085: Lilie, **Byzanz**

2086: Sachse, **Diabetes**

2087: Cuntz/Hillert, **Eßstörungen**

2088: Funke/Vaterrodt-Plünnecke, **Was ist Intelligenz?**

2089: Röschke/Mann, **Schlaf und Schlafstörungen**

2090: Weber, **Laser**

2091: Müller-Beck, **Die Steinzeit**

2092: Barceló, **Hannibal**

2093: Gypser, **Homöopathie**

2094: Zankl, **Genetik**

2095: Simon, **Asthma**

2096: Schlich, **Transplantation**

2097: Münkler, **Marco Polo**

2098: Strian, **Das Herz**

2099: Dohmen, **Die Bibel und ihre Auslegung**

2100: Bredenkamp, **Lernen, Erinnern, Vergessen**

2101: Demandt, **Die Kelten**

2102: Hoffmann, **Stauffenberg und der 20. Juli 1944**

2103: Blickle, **Der Bauernkrieg**

2104: Herrmann, **Antimaterie**

2105: Malitz, **Nero**

2106: Kloft, **Mysterienkulte der Antike**

2107: Wiesehöfer, **Das frühe Persien**

2109: Bobzin, **Der Koran**

2110: Meissner, **Geschichte der Erde**

2111: Bernecker, **Spanische Geschichte**

2112: Pfahl-Traughber, **Rechtsextremismus in der Bundesrepublik**

2113: Stehr/Storch, **Klima, Wetter, Mensch**

2114: Wahrburg/Assmann, **Cholesterin**

2116: Vorländer, **Die Verfassung. Idee und Geschichte**

2117: Mertens, **Traum und Traumdeutung**

2118: Reinhardt, **Geschichte Italiens**

2119: Wirsching, **Psychotherapie**

2120: Becher, **Karl der Große**

2121: Linke, **Das Gehirn**

2122: Walther/Walther, **Was ist Licht?**

2124: Hartmann, **Geschichte Frankreichs**

2125: Augustin/Schöpf, **Psoriasis**

2126: Schmidt-Glintzer, **Das neue China**

2128: Röhrich, **Die politischen Systeme der Welt**

2201: Flothuis, **Mozarts Klavierkonzerte**

2202: Schmidt, **Brahms Symphonien**

2203: Feder, **Haydns Streichquartette**

2204: Flothuis, **Mozarts Streichquartette**